Andreas Schlüter

City Crime

Pelzjagd in Paris

Mit Bildern von Markus Spang

TULIPAN VERLAG

PARIS!

Was für ein Hotel! Finn war begeistert. Schwimmbad und Fitnessraum – so etwas hatten sie noch nie gehabt, wenn sie auf Reisen waren. Während sein Vater und seine ältere Schwester Joanna oben im sechsten Stock ihre Koffer auspackten, war Finn mit dem Fahrstuhl in den Keller gefahren, den Wegweisern gefolgt und nun stand er am Rand des großen Pools. Beim Anblick des Beckens nickte er zufrieden. Er raste wieder hinauf ins Zimmer, um seine Badehose zu holen. Wie wild klopfte er an die Tür.

Endlich öffnete sein Vater.

Finn düste an ihm vorbei und rief: »Leute, das müsst ihr gesehen haben! Die haben da unten ein echtes Schwimmbad. Das muss ich gleich ausprobieren. Joanna, kommst du mit? Papa, wo ist meine Badehose?«

Die letzte Frage war eigentlich überflüssig. Finn hatte die Badehose in seinem Koffer extra ganz nach oben gelegt, weil er das Schwimmbad schon zu Hause auf der Website des Hotels gesehen hatte. Er rannte zu seinem Koffer, öffnete ihn, griff nach seiner Badehose und steuerte auf das Badezimmer zu, um sich ein

Handtuch zu schnappen. Da merkte er erst, dass sein Vater und seine Schwester ihn ansahen, als hätte er irgendwo eine Fensterscheibe zertrümmert.

Joanna machte mit der Hand eine Scheibenwischerbewegung vor ihrem Gesicht. »Haben sie dich gebissen?«

Sein Vater formulierte es etwas netter. »Schwimmen?«, fragte er. »Jetzt? Du weißt doch, dass wir gleich losfahren.«

Finn stutzte. Losfahren? Wohin? Jetzt fiel es ihm wieder ein. Sie waren nicht zum Vergnügen nach Paris gekommen. Also er und seine Schwester schon, aber sein Vater nicht. Der war als Kunstmaler zu einer internationalen Künstlerfachtagung in Paris eingeladen. Und da ihre Mutter, von Beruf Handelsvertreterin, auf Reisen war, passte es der Familie ganz gut, dass gerade Pfingstferien waren und der Vater die Kinder mitnehmen konnte.

Papa musste also tagsüber zum Kongress. In der Zeit konnten die Kinder Paris erkunden. Natürlich nicht allein. Dafür war die Stadt mit ihren mehr als 2,2 Millionen Einwohnern zu groß und die Kinder zu jung. Paris war die dichtbesiedeltste Stadt Europas. In der Metropolregion lebten mehr als zwölf Millionen Menschen. Aber ein befreundeter Künstlerkollege von Papa, der in Paris wohnte, hatte eine ältere Tochter, die sich bereit erklärt hatte, mit Finn und Joanna etwas zu unternehmen. Sie hieß Lilou und war sechzehn Jahre alt.

Finn war froh, dass Lilou kein Junge war. In sie würde sich Joanna nicht verlieben. Das tat sie auf Reisen nämlich regelmäßig und das ging Finn mächtig auf den Zeiger.

»Ins Schwimmbad kannst du auch zu Hause gehen«, sagte Joanna jetzt. »Mann, wir wollen Paris kennenlernen! Die Stadt der Liebe und der Mode!«

Finn verzog das Gesicht. Liebe und Mode interessierten ihn nicht. In den Louvre wollte er gehen. Nicht unbedingt wegen der »Mona Lisa« und anderer weltberühmter Gemälde, die dort ausgestellt waren. Er wollte den Sully-Flügel besuchen. Da gab es einen richtigen Burggraben aus dem Mittelalter, durch den man sogar gehen konnte. Außerdem konnte man Schätze und Statuen aus dem Altertum bestaunen, Grabbeigaben aus Ägypten, Palast- und Tempelschmuck aus dem Nahen Osten oder römische und etruskische Sarkophage und Waffen.

Hier fand man die weltberühmte Marmorstatue »Venus von Milo«, die einst zufällig auf einem griechischen Acker gefunden worden war. Genau das Richtige für Finn, der die Archäologie schon immer spannender gefunden hatte als die Malerei. Ganz im Gegensatz zu seinem Vater und seiner Schwester. Die konnten dann ja gern an der »Mona Lisa« Schlange stehen hinter den Tausenden fotografierenden Japanern.

Doch bevor sie mit dem Besichtigungsprogramm anfingen, ging es mit der Metro zu Lilou. Die Fahrt mit der Pariser U-Bahn dauerte nur vier Minuten, von der Place d'Italie, in deren Nähe ihr Hotel war, bis zur Place Monge.

Von dort liefen sie zu Fuß weiter Richtung Boulevard Saint-Michel. Hier befand sich das traditionelle Studentenviertel von Paris. Papas Kollege wohnte mit Frau und Tochter Lilou in der Rue Cujas, zwischen der Universität Sorbonne und dem riesigen Park Jardin du Luxembourg mit seinem Schloss Palais du Luxembourg.

In diesem Viertel waren die Straßen und Gässchen teilweise so eng, dass kein Auto durchkam.

»Klasse Wohngegend!«, fand Joanna. Sie hasste lauten Autoverkehr, dem Paris ansonsten im Übermaß ausgesetzt war.

Auch Lilou machte auf die beiden Geschwister einen guten Eindruck. Oder besser gesagt: einen sympathischen. Denn sie lächelte Joanna und Finn freundlich an.

Ihr Aussehen fand Finn eher befremdlich. Sie trug halblange, schwarze, ziemlich verwuschelte Haare, in die sie kleine bunte Perlen und Bänder geflochten hatte. Dazu trug sie ein schwarzes, an vielen Stellen eingerissenes T-Shirt, darüber ein ebenfalls schwarzes Netzhemd, das weit von ihrer linken Schulter herunterhing.

Unter dem kurzen weiten Rock – auch in Schwarz – schauten völlig durchlöcherte dunkelrote Leggings hervor, die in schwarzen Stiefeln endeten. Am linken Handgelenk klapperten unzählige metallene Armbänder, auf der rechten Hand saß auf jedem Finger ein Ring. Beide Oberarme waren bunt tätowiert.

Finn ahnte, weshalb Papas Kollege nie ein Foto seiner Tochter geschickt hatte. Finn war sicher, dass seine Mutter es niemals erlaubt hätte, mit dieser »Göre«, wie sie vielleicht gesagt hätte, allein durch Paris zu ziehen.

Auch Papa musste dreimal schlucken, versuchte aber, sich nichts anmerken zu lassen. Joanna und Finn fiel es natürlich dennoch auf und sie zwinkerten sich gegenseitig zu.

»Das Gute ist«, bemühte sich Papa sofort, das Positive hervorzuheben, »dass Lilou recht gut Deutsch spricht. Sie ist ähnlich sprachbegabt wie du, Joanna. Sie war mit ihrem Vater schon mal drei Monate in München, so wie wir beide in Florenz.«

Finn musste grinsen, weil er sich Lilous Deutsch mit deutlich bayrischem Akzent vorstellte.

»Bonjour«, begrüßte Lilou sie jetzt. »Guten Tag. Isch freue misch, dass wir … öh … ein paar frölische Tage zusammen in Paris verbringen dürfen.«

Finns Grinsen wurde breiter. Lilou hatte zwar keinen bayrischen Akzent, dafür aber genau so einen französischen, wie er ihn aus deutschen Werbefilmen kannte.

Joanna reichte ihr die Hand und grüßte sie freundlich auf Französisch, so wie sie es im Sprachführer gelesen hatte. Nur Finn schaute wieder in die Röhre. Auch er hatte sich durch Joannas Sprachkurs-Software gequält, aber kein einziges Wort behalten. Außer »non«, »oui« und »merci«. So reichte er Lilou nur stumm die Hand.

Lilou führte die beiden in ihr Zimmer und bat, dort auf sie zu warten.

Finn sah sich um und fühlte sich eher wie in einem Zirkuswagen als im Zimmer einer Jugendlichen. Jeder Quadratzentimeter Wand war geschmückt mit Wandteppichen, Tüchern, Federn, Halsketten und sonstigem Schmuck, Fotos, Gemälden, Postern, Borden und Spiegeln. Selbst einige Kleidungsstücke hatte Lilou dekorativ zwischen zwei Gitarren an der Wand befestigt. Dazu ein paar Bongotrommeln, einige Flöten und eine Violine. Nicht das kleinste Fleckchen Wand schimmerte durch. Mit offenem Mund stand Finn da und schaute sich beeindruckt um, als Joanna ihn antippte. Sie hatte einige andere Dinge entdeckt: Mehrere Taschenlampen und Trillerpfeifen waren ja vielleicht noch normal, aber eine Motorradsturmhaube? Dazu Werkzeuge, die Joanna zuerst gar nicht identifizieren konnte. Doch Finn war sich sicher, dass es sich um Dietriche in verschiedenen Größen handelte.

»Dietriche?«, fragte Joanna. »Du meinst, zum Öffnen von Türen?«

Finn nickte. »Zum Öffnen von Türen, zu denen man keinen Schlüssel hat.«

Höchst seltsam, fand Joanna. War Lilou eine Einbrecherin? Am liebsten hätte sie sich in Lilous Schubladen umgesehen. Es fiel ihr schwer, der Versuchung zu widerstehen. Vorsorglich aber steckte sie schon mal den Kopf aus der Tür, um nachzusehen, wo Lilou steckte.

11

Einen Augenblick später zog sie den Kopf zurück und schloss die Tür leise hinter sich. »Das ist ja wohl das Letzte!«, empörte sie sich.

Finn sah sie fragend an.

»Lilou lässt sich von ihrem Vater dafür bezahlen, dass sie uns die Stadt zeigt!«, schimpfte Joanna.

Finn glaubte das nicht. »Vielleicht hat sie nur Geld bekommen, damit sie unterwegs etwas kaufen oder uns einladen kann.«

Doch Joanna schüttelte den Kopf. »Genau das hat ihr Vater ja auch gesagt, also dass sie für die Verpflegung schon Geld bekommen hat. Aber Lilou hat geantwortet: ›Für die Betreuung noch mal 50 Euro extra. Wie abgemacht.‹«

Finn kräuselte die Stirn.

»Für die Betreuung!«, wiederholte Joanna. »Hallo? Bin ich vielleicht ein Kleinkind oder ein Hund, für die man einen Sitter bucht? Ich glaube, es hackt! Die Alte kann was erleben!«

»Nicht!«, beschwor Finn seine Schwester. »Was sollen wir denn sonst machen? Wenn du Streit anfängst, geht sie nicht mit uns. Und dann müssen wir im Hotel bleiben. Wir dürfen nicht allein durch die Stadt gehen. Das hat Papa Mama versprechen müssen!«

Joanna verzog das Gesicht. »Stimmt. Du hast recht.«

Aber Finn wusste, dass seine Schwester das nicht auf sich sitzen lassen würde. Nicht nur, dass die beiden Mädchen keine Freundinnen werden würden. Sondern noch schlimmer: Irgendwann würde sie es Lilou heimzahlen. Das war sicherer als ein Amen in der Kirche.

In dem Moment ging auch schon die Tür auf und Lilou steckte mit einem freudestrahlenden Lächeln den Kopf ins Zimmer. »Wir können gleich los. Nur noch eine winzige Minüt.«

Und schon war ihr Kopf wieder verschwunden.

»Nur noch eine winzige Minüt!«, äffte Joanna sie nach. »Ich weiß jetzt, warum die so strahlt. Die macht fett Kohle mit uns!«

Finn interessierte mehr, was Lilou da draußen noch zu tun hatte. »Ich würde gern mal los«, drängelte er. »Sonst hätte ich auch schwimmen gehen können.«

»Da hast du ausnahmsweise mal recht«, stimmte seine Schwester ihm zu, als erneut die Tür aufging. Diesmal erschien Lilou mit Begleitung. Hinter ihr betrat ein Mädchen in ihrem Alter das Zimmer, das ebenfalls komplett schwarz gekleidet war.

»Une minute«, sagte Lilou erneut.

Joanna nickte ihr zu. »Schon klar!«

»Das ist meine Freundin Antoinette«, stellte Lilou die Schwarzgekleidete vor. Dann begannen die beiden Mädchen miteinander so schnell Französisch zu brabbeln, dass auch Joanna nichts mehr verstand.

Fast nichts. Einige Wortkrümel hatte sie dennoch aufgefangen. Als Lilou Antoinette nach einigen Minuten zum Ausgang begleitete, sagte sie zu Finn: »Seltsam. Ich habe Worte verstanden wie Polizei, Treffpunkt, Einbruch und Fluchtweg. Normalerweise würde ich denken, ich hätte mich verhört. Aber«, sie deutete auf die Maske, den Dietrich und die Taschenlampen, »es passt irgendwie hierzu, findest du nicht?«

Catwalk

Als Lilou ins Zimmer zurückkehrte, setzte sie sofort wieder ihr strahlendes Lächeln auf. »'abt ihr schon überlegt, was ihr möschtet unternehmen 'ier in Paris?«, fragte sie.

»Ja«, antwortete Finn prompt. »Das alte Ägypten im Louvre. Und eine Bootsfahrt!«

In Prag hatten sie auch eine gemacht. Allerdings hatten sie an der ersten Station aussteigen müssen und waren in einen Kriminalfall gestürzt. Das sollte dieses Mal nicht passieren. Und das würde es auch nicht. Da war Finn zuversichtlich. Er würde dieses Mal nämlich einfach nicht früher aussteigen.

»Oui, oui!«, antwortete Lilou. »Naturellement, den Louvre und die Seine. Aber isch 'abe misch überlegt, dass wir könnten uns anschauen eine Modeschau. Interessiert ihr eusch für Mode?«

»Ja!«, sagte Joanna.

»Nein!«, rief Finn gleichzeitig aus.

Lilou lächelte Finn an. »Es wird dir sischer auch gefallen, kleine Mann!«, säuselte sie und strich ihm zu allem Überfluss auch noch über den Kopf, als wäre er ein Schoßhündchen.

»Sischer nischt!«, antwortete Finn mürrisch.

»Ach, komm!«, Joanna stieß ihrem Bruder in die Seite. »Sei doch nicht so ein Miesmacher. Eine Modenschau in Paris. Mann, wann erlebt man das schon mal?«

»Ich hoffe, nie!«, konterte Finn.

In dem Moment piepte sein Handy und zeigte eine Nachricht an. Tom, einer seiner Schulfreunde, wollte wissen, ob er schon in Paris angekommen sei und was er unternehmen wolle.

Finn schrieb ihm die Wahrheit. Die Antwort überraschte ihn.

```
Modenschau in Paris? Wow!,
```

schrieb Tom.

```
Da siehst du ja die ganzen hübschen
Models in echt!
Neid! Schick Fotos, ja?
```

Finn verzog das Gesicht. Er machte sich nicht die Bohne aus »hübschen Models in echt«. Sie interessierten ihn null Komma null. Allerdings, wenn es den Neid seiner Mitschüler hervorrief … warum nicht?

»Also gut!«, stimmte er zu. »Wann ist denn diese Modenschau? Können wir hinterher noch eine Bootsfahrt machen?«

»Isch denke, die Fahrt auf die Seine wir können machen morgen, d'accord?«, säuselte Lilou. Dann griff sie irgendwo in ihrem Rock in eine Tasche und zauberte ein paar Eintrittskarten hervor. »Isch abeite bei unsere Schüler… öh, wie sagt man, Magazin. Da 'abe isch die Karten bekommen. Sie gewöhnlich kosten 50 Euro.«

»50 Euro?«, wiederholte Finn. »Um sich ein paar Kleider anzugucken?«

»Du hast echt keine Ahnung!«, wies Joanna ihn zurecht.

Lilou pflichtete ihr bei. »Das sind die billigsten Karten. Natürlich es sich 'andelt um eine junge Modemacher. Bei den bekannten kosten mansche Karten viele Tausend Euro. Und ganz vorn man kann gar nicht bekommen Karten. Da nur sitzen Prominente und Press.«

Finn schnappte nach Luft. Mehrere Tausend Euro für eine Eintrittskarte einer Modenschau, die nur fünfzehn bis zwanzig Minuten dauerte? Der pure Wahnsinn, fand er.

Lilou grinste. »Es gab schon Plätze in der ersten Reihe für 70.000 Euro!«, erklärte sie.

»Nein!«, stieß Finn aus.

»Aber wir sind bei einem Unbekannten. Und 'aben Karten für die Schüler-Press. So wir dürfen sitzen weit vorn.«

»Bei den Promis?« Joanna konnte es nicht glauben. »Echt?«

»Moment, Moment!« Für Finn ging das alles ein bisschen schnell. »Was denn für Promis?«

»Modemacher«, antwortete Lilou. »Es kann sein, dass kommt Karl Lagerfeld persönlich. Schließlisch er wohnt 'ier in Paris und vielleicht er sich schaut an Modenschau von junge Kollege.«

»Wow!«, bemerkte Joanna anerkennend.

Finn zuckte mit den Schultern. Er kannte diesen Lagerfeld nicht.

»Ich hab gelesen, er besitzt hier in Paris sogar einen Buchladen?«, fragte Joanna.

Lilou nickte. »7L in der 7 rue de Lille.«

»Den möchte ich mir auch gern ansehen«, sagte Joanna, während Finn die Augen verdrehte.

»Vielleischt es ist möglisch«, antwortete Lilou. »Allez, gehen wir! Vielleischt sind ein paar Schauspieler eingeladen.«

»Gérard Depardieu?«, fragte Joanna.

Finn musste lachen. »Als Obelix? Das wäre doch super in einer Modenschau!«

Vor dem Eingang der Halle standen die Leute schon Schlange. Es war ein roter Teppich ausgelegt. Zu beiden Seiten säumten zahlreiche Schaulustige den Eingang, die Smartphones und Digicams schussbereit in den Händen. Es war klar, hier wollte niemand auch nur einen Promi verpassen. Die meisten Menschen, die hier standen, waren Touristen, erklärte Lilou. Einheimische gingen, wenn überhaupt, zu den großen Pariser Modewochen, die allerdings schon im März stattgefunden hatten.

Joanna staunte, dass Lilou sich so gut mit Modenschauen auskannte. So wie sie gekleidet und gestylt war, schien sie sich selbst nichts aus Mode zu machen.

Lilou führte die Geschwister rechts am Eingang vorbei zu einem Nebeneingang der Halle, vor dem zwei große breitschultrige Männer mit Kopfhörern im Ohr Wache standen. Sie schauten die Kinder grimmig an, als Lilou sich vor ihnen aufbaute und ihre Einladungskarten vorzeigte. Fast so intensiv wie am Flughafen in der Sicherheitskontrolle wurden die drei Kinder daraufhin von den beiden Security-Typen durchsucht.

»Die halten uns wohl für Terroristen«, sagte Finn und hoffte, dass die Männer ihn nicht verstanden.

»In deren Gegenwart würde ich lieber nicht solche Witze reißen!«, ermahnte Joanna ihn.

Doch dann durften sie die stillgelegte Fabrikhalle betreten, die eigens für diese Modenschau wiederbelebt und hergerichtet worden war. Von der einen Stirnseite her führte der lange Laufsteg, über den gleich die Models gehen würden. Links und rechts davon hatte man die Besucherstühle aufgebaut, in der ersten Reihe bequeme, mit Polster und Lehnen. Sie sahen aus wie alte Kinosessel. Ab der zweiten Reihe gab es nur noch einfache Klappstühle.

Und für die musste man so viel Eintritt zahlen? Finn konnte es nicht fassen. Irgendwie fühlte er sich nicht wohl hier. Dies war einfach nicht sein Platz. Zwar war die Halle schon voll, aber alle Gäste standen noch im Foyer und hielten Small Talk. Unzählige Kellner liefen mit Tabletts herum und reichten ihnen Sekt und andere Getränke.

Obwohl Finn keine Ahnung von Mode hatte, fand er, dass die Kleidung der Gäste sündhaft teuer aussah. Viele Männer trugen Schals in den seltsamsten Farben, trotz des warmen Frühlingswetters. Auch hatte Finn noch nie so viele Männer mit Hüten gesehen. Die Frauen trugen ausgefallene Kleider und Röcke. Weite, enge, luftige und welche, die aussahen wie aus Holz. Nahezu alle Frauen waren geschminkt, als müssten sie jeden Moment im Fernsehen auftreten.

»Da vorn sind unsere Plätze!« Lilou zeigte auf eine leere Reihe. »Ihr könnt eusch schon setzen.«

Joanna stutzte. »Darf man das überhaupt?«

»Oui, oui!«, versicherte Lilou. »Alle warten, dass sisch jemand setzt. Ihr tut den Leuten ein Gefallen. Bitte.«

»Die spinnen, die Franzosen«, sagte Finn leise.

»Pst!«, ermahnte Joanna ihn erneut. »Es sind viele Touristen hier. Bestimmt sprechen einige auch Deutsch.«

Sie schlängelten sich durch die Reihe und suchten sich einen Platz aus. In ihrem Bereich waren die Sitze nicht nummeriert. Finn folgte und die beiden setzten sich – als Erste im gesamten Saal.

Als hätte man nur darauf gewartet, ertönte plötzlich laute Musik. Die Halle verdunkelte sich und die Masse kam in Bewegung. Die Musik war wie der Startschuss bei einem Hundertmeterlauf. Innerhalb weniger Minuten war kein Sitz mehr frei. Bis auf den einen neben Finn: Lilous Platz.

»Wo ist sie?«, fragte Finn.

Joanna legte einen Finger auf ihre Lippen.

»Die wird schon noch kommen«, antwortete sie leise.

Die Stimme eines Moderators ertönte aus den Lautsprechern. Finn und Joanna verstanden kein Wort. Sie vermuteten, dass der Mann die Modenschau ankündigte. Der junge Modedesigner, der hier seine Kollektion präsentierte, lugte angespannt hinter dem Vorhang hervor, dort wo der Catwalk begann. Hektisch verzog er sich wieder nach hinten, um wenige Augenblicke später erneut einen Blick in den Zuschauerraum zu wagen. Man sah ihm seine Nervosität förmlich an.

Noch immer blieb Lilous Sitz leer. Finn drehte sich suchend nach ihr um. Und entdeckte sie tatsächlich. Sie stand hinter der letzten Reihe auf der anderen Seite des Catwalks und schaute sich um.

»Ich glaube, sie findet ihren Platz nicht«, sagte Finn.

Da erschienen bereits die ersten Models auf dem Laufsteg.

»Es geht los«, antwortete Joanna. »Sieh mal die Zweite da. Mann, ist die jung. Die könnte glatt noch zur Schule gehen.«

Finn wandte den Blick nach vorn, um sich das Model anzusehen. Er fand überhaupt nicht, dass es jung aussah. »Die ist mindestens zwanzig!«, schätzte er.

»Nie im Leben!«, widersprach Joanna. »Die ist nur stark geschminkt. Aber wenn du mal genau hinguckst, siehst du, dass sie keine achtzehn ist.«

»Darf die dann überhaupt hier modeln, wenn sie so jung ist?«, fragte Finn.

Joanna wusste es nicht. »Bestimmt! Sonst wäre sie wohl kaum hier.«

Finn drehte sich wieder weg. Lilou stand immer noch auf der anderen Seite des Saals und wirkte, als ob sie etwas suchte.

»Soll ich sie holen?«, fragte er. Ihm war es egal, ob Lilou etwas von der Modenschau mitbekam. Aber er wollte sie nicht aus den Augen verlieren. Denn er hatte wenig Lust, ohne ihre Hilfe nach Hause gehen zu müssen. Das Pariser U-Bahn-System war recht unübersichtlich. Nicht dass sie sich irgendwo in den Katakomben der Metro verliefen! Außerdem würden sie Ärger mit ihrem Vater bekommen, wenn sie allein durch Paris zogen.

Joanna antwortete ihm aber nicht auf seine Frage. Stattdessen bestaunte sie die Models und das, was sie anhatten. Eine trug zum Beispiel ein Kleid, das Joanna mehr an eine Ritterrüstung erinnerte. Mit dem Unterschied, dass es nicht aus Metall war. Auf Joanna wirkte es beinahe wie ein Faschingskostüm. Dazu hatte das Model einen Schal um den Hals, der wie eine tote Katze aussah.

»Wer trägt denn so was?«, fragte sie, ein wenig lauter, als sie eigentlich gewollt hatte.

»Was?« Erst jetzt schaute Finn wieder nach vorn zu den Models und musste auflachen. »Was hat die denn an? Da, die Dritte. Einen Taucheranzug?«

Eine Dame, die vor ihm saß, drehte sich langsam um und schob ihre violette, mit Edelsteinen verzierte Sonnenbrille auf die Nasenspitze, sodass sie über die rosa getönten Gläser böse auf Finn herabblicken konnte. Ihr Gesicht war auf merkwürdige Weise zu einer Fratze verunstaltet, so als hätte ihr jemand die Haut zum Hinterkopf gezogen und dort zusammengeknotet.

Während die Gesichtshaut babyglatt war, zeigten ihre Hände deutliche Falten. Je nachdem, ob man ihr ins Gesicht oder auf die Hände schaute, konnte man die Dame auf dreißig oder sechzig Jahre schätzen. Sie fragte etwas auf Französisch, das Finn nicht verstand. Er sah nur fasziniert auf ihren sich bewegenden Mund und überlegte, woran ihn der erinnerte. Dann kam er drauf: die

Marionetten, die er in Prag gesehen hatte! Bei denen bewegte sich beim Sprechen auch nur das Kinn, während das gesamte übrige Gesicht vollkommen bewegungslos blieb.

»Äh, sorry«, entschuldigte sich Finn, da er annahm, dass die gruselige Dame sich über irgendetwas beschwerte. Dann beugte er sich zu seiner Schwester und fragte leise, was »Verzeihung« auf Französisch hieß.

»Pardon!«, antwortete Joanna, worauf ihre Sitznachbarin zur anderen Seite ihr mild zulächelte, weil sie glaubte, Joanna hätte sich soeben für irgendetwas entschuldigt.

Finn hatte schon jetzt keine Lust mehr auf die Modenschau. Dabei hatte sie doch gerade erst angefangen. Doch dann fiel ihm ein, weshalb er mitgekommen war. Er wollte ein paar Fotos schießen für seine neidischen Freunde. Er griff nach seinem Smartphone und öffnete die Foto-App.

Blitzartig schnellte eine schrumpelige Hand von hinten hervor und drückte ihm den Arm hinunter. Es folgte wieder etwas auf Französisch, das wie ein Befehl klang. Fragend blickte Finn zu seiner Schwester.

»Fotografieren verboten!«, übersetzte Joanna. Und ergänzte noch: »Streng verboten!«

Finn verzog den Mundwinkel. Wenn er keine Fotos von den Models machen durfte, hätte er sich die gesamte Modenschau sparen können. Wie sollte er nun seinen Freunden beweisen, dass er überhaupt hier gewesen war? Und überhaupt: Hatte Lilou nicht eben auch fotografiert?

Finn drehte sich wieder langsam nach ihr um. Doch Lilou war verschwunden!

›Mist!‹, dachte er. Nun war genau das eingetreten, was er befürchtet hatte. Sie hatten Lilou aus den Augen … Nein, stopp! Dort stand sie, ein paar Meter weiter als eben. Noch weiter

entfernt von ihrem eigenen Sitzplatz. Ob sie den wirklich nicht fand? Das konnte Finn sich eigentlich nicht vorstellen. Denn so übermäßig groß war die Halle nun auch wieder nicht.

Jetzt sah er es ganz deutlich: Lilou machte Fotos mit einer kleinen Digicam. Allerdings nicht so, wie es üblich war. Also dass man sich das Gerät vor die Augen hielt, um auf dem Display sehen zu können, was man aufnahm. Nein, Lilou schoss die Aufnahmen aus der Hüfte heraus. Blind. Jedenfalls konnte sie wohl kaum sehen, was auf dem Display war. Ihr schien es wichtiger, unbemerkt fotografieren zu können.

Finn fand daran nichts Ungewöhnliches. Wenn Fotografieren verboten war, musste man es eben heimlich tun. Merkwürdig war nur, dass Lilou gar nicht die Models fotografierte, sondern die Kamera auf einige Gäste im Zuschauerraum gerichtet hielt. Dabei blieb sie nie an derselben Stelle stehen, sondern wuselte in den Gängen herum. Natürlich passte das den geladenen Gästen überhaupt nicht. Aber jedes Mal, wenn sich jemand anschickte zu meckern, zog Lilou weiter. Dabei schaute sie sich immer wieder hastig nach allen Seiten um. Offenbar aus Furcht vor der Security.

Finn folgte einmal ihrem Blick und erkannte, dass dort wirklich ein Wachmann stand, der aber gerade mit etwas anderem beschäftigt war. Er drückte sich den Ohrhörer fester in seinen Gehörgang und sprach in ein unsichtbares Mikrofon, das in seinem Sakkokragen verborgen war. Irgendetwas schien da los zu sein. Vielleicht draußen vor der Tür?

Finn wurde mulmig zumute. Er hatte die Terroranschläge in Paris nicht vergessen. Er erinnerte sich noch sehr gut an das Fußballländerspiel Deutschland gegen Frankreich im Stade de France, das er sich im Fernsehen anschauen wollte. Aber das Spiel war abgebrochen worden, weil es in Paris mehrere

Anschläge gegeben hatte. Die gesamte deutsche Fußballnationalmannschaft hatte die halbe Nacht in der Umkleidekabine verbringen müssen, weil es zu gefährlich gewesen war, das Stadion zu verlassen.

Sein Vater hatte erzählt, dass auf der Place de la République Tausende Menschen zusammengekommen wären, um der Opfer zu gedenken. Noch immer lägen rund um das Monument zahlreiche Schriften, Fotos und Blumengebinde. In den nächsten Tagen wollten sie dort hinfahren und es sich ansehen.

Sollte jetzt dort draußen vor der Tür etwas Ähnliches im Gange sein? Finn tippte seine Schwester an und erzählte ihr von seinen Beobachtungen.

Joanna sah sich unruhig um. »Mann, Finn. Erzähl doch nicht immer solche Horror-Storys!«

Finn zog entschuldigend die Schultern hoch und zeigte auf den Wachmann. Joanna musste zugeben, dass der verdächtig nervös aussah. Und plötzlich war Lilou wirklich nicht mehr da. Finn reckte den Hals und suchte mit seinen Blicken Reihe für Reihe ab. Lilou blieb verschwunden.

»Mist!«, fluchte er. »Wo ist Lilou?«, fragte er seine Schwester. Doch auch die konnte Lilou nirgends entdecken.

Der Sicherheitsmann hatte ebenfalls seinen Platz verlassen und war nicht mehr zu sehen.

»Irgendetwas stimmt da nicht«, sagte Joanna jetzt auch. »Aber wenn sich da draußen etwas Gefährliches zusammenbrauen würde und Lilou wüsste davon, dann würde sie uns doch sicher warnen.«

Trotzdem hielt es Joanna nicht mehr auf ihrem Platz. Unter den missbilligenden Blicken der anderen Gäste zwängten die beiden Kinder sich durch die Reihe in den Mittelgang, von dem aus sie in den Foyerbereich kamen.

Finn nutzte die Chance, im Gehen noch schnell ein paar Fotos von den Models auf dem Laufsteg zu machen. Vermutlich würden die Bilder etwas unscharf werden. Aber Hauptsache, er konnte seinen Schulfreunden beweisen, dass er hier gewesen war.

Von den Gästen ertönte ein freundlicher Beifall, denn der erste Durchgang des Catwalks war beendet. Es wurde kurz stockfinster im Raum, sodass Finn und Joanna sich nicht orientieren konnten und kurz stehen bleiben mussten.

Dann flammte plötzlich grelles Licht auf, gefolgt von einer Musik, die Chancen auf den Sommerhit des Jahres gehabt hätte. Finn hielt sich schnell die Hand zum Schutz vor die Augen. Das Licht wechselte in blaue, grüne und braune Farbtöne, die offenbar Wasser und Strand symbolisieren sollten. Denn nun wurde Bademode vorgeführt.

»Hä?«, wunderte sich Joanna. »Wir haben doch schon Anfang Juni. Wird es nicht Zeit, jetzt die Herbst- und Wintermode vorzustellen?«

»Vielleicht ist es schon die Mode fürs nächste Jahr«, vermutete Finn. Aber es war ihm ohnehin egal. Viel interessanter fand er, dass die Models in sehr knappen Bikinis über den Laufsteg stolzierten.

»Wow!«, stieß Finn begeistert aus und griff nach seinem Smartphone, um noch ein paar Fotos zu machen.

»Sag mal, geht's noch?«, pflaumte seine Schwester ihn an.

»Was denn?«, verteidigte sich Finn. »Du flirtest bei jeder Reise mit irgendeinem Jungen und ich darf nicht mal gucken?«

»Also erstens flirte ich nie mit *irgendeinem* Jungen, sondern nur mit ausgewählten. Und zweitens schaue ich Jungs immer zuerst in die Augen und nicht wie du auf die halb nackten Brüste oder wer weiß wohin!«

»Pah!«, machte Finn nur. Ihm waren die Models egal. Aber er würde mit den Fotos Eindruck bei seinen Freunden schinden. Eine bessere Gelegenheit würde er nie wieder bekommen. Gerade schoss Finn das erste Foto, als ihn eine Hand packte.

»Mann, lass das!«, schimpfte Finn, merkte aber im selben Moment, dass es gar nicht seine Schwester war, die ihm die Hand herunterriss.

»No fotos!«, brummte ein Wachmann, der Finn an einen US-amerikanischen Basketballstar erinnerte. Denn der Typ war mindestens zwei Meter groß und hatte so breite Schultern, wie Finn lang war. Dazu eine braune Haut, und man konnte trotz seines schwarzen Anzugs ahnen, dass der gesamte Körper nur aus Muskeln bestand.

»Äh … okay!«, stotterte Finn. »Sorry … äh, ich meine natürlich … Pardon!«

Der Mann sagte etwas auf Französisch. Nur ein einziges Wort. Finn hatte es nie zuvor gehört und wusste dennoch durch die Mimik des Mannes, was es bedeutete.

»Ja, natürlich. Klar. Ich lösche es sofort!«, versicherte Finn und tat es auch.

Der Wachmann nickte, ohne dass man auf seinem Gesicht eine Regung gesehen hätte, und zeigte dann mit dem Kopf zur Tür.

»Besser, wir gehen!«, zischte Joanna ihrem Bruder zu.

Finn war sofort einverstanden. Die beiden verließen die Modenschau und erlebten draußen vor der Tür die nächste Überraschung. Wie aus dem Nichts tauchte plötzlich Lilou neben ihnen auf.

»Wo warst du?«, fragte Joanna.

Lilou beantwortete die Frage nicht. Stattdessen sah sie sich verschwörerisch um, griff Joanna unter den Arm, zog sie ein Stück mit sich und flüsterte: »Nischt ömdrehn.«

»Hä? Was? Wieso?«, stotterte Joanna.

Lilou wiederholte, immer noch leise, aber diesmal eindringlicher: »Nischt ömdrehn, s'il vous plaît.«

Joanna konnte nur schwer widerstehen, sich umzudrehen und zu schauen, was oder wen Lilou meinte.

»Wir sollten … öh … jetzt gehn«, sagte Lilou.

Finn stiefelte den beiden Mädchen hinterher. Er kümmerte sich nicht um Lilous Bitte und schaute sich um. Er konnte allerdings niemand Verdächtigen entdecken.

»Wir werden … wie sagt man in allemand? Öh … poursuivis.«

»Pour... was?« Joanna verstand nicht. Finn sowieso nicht.

»Verjagt …?«, versuchte Lilou zu übersetzen.

Joanna blieb stehen. »Wieso das denn? Weil Finn ein Foto gemacht hat? Er hat es doch gleich gelöscht.«

»Aber ich hab's noch im virtuellen Papierkorb und kann es zurückholen«, grinste Finn.

Lilou winkte ab. »Non, non. Nischt verjagen. Öh. Jagen. Folgen. Verfolgen?«, korrigierte sie sich. »Oui. Isch glaube, wir werden verfolgt!«

»Was?«

Wer sollte sie verfolgen? Und weshalb? Hier kannte sie doch niemand!

»Oh Mann!«, stöhnte Finn. »Ich hab gleich gesagt, wir hätten schwimmen gehen sollen. Da hätte uns ganz bestimmt niemand verfolgt!«

Joanna warf ihm einen bösen Blick zu. »Ja, du Schlaumeier. Und wer sollte uns bitte schön bei einer harmlosen Modenschau verfolgen?«

Finn zeigte auf Lilou. »Frag sie!«

Lilou aber hatte keine Zeit für Erklärungen. »Vite, vite! Schnell! Wir müssen fort.« Erneut zog sie Joanna mit sich.

Die drei liefen bis zur nächsten Straßenecke. Dort drehte sich Lilou nervös um und stieß einen fürchterlichen Fluch aus.

»Was ist denn bloß los?«, fragte Joanna erneut.

»Weiter!«, befahl Lilou. »Schnell.«

Die Modenschau hatte im Marais-Viertel ganz in der Nähe des Musée National Picasso stattgefunden, in dem über dreihundert Gemälde und Skulpturen von Pablo Picasso ausgestellt waren. Joanna wollte es sich mit ihrem Vater unbedingt noch ansehen. Doch nun liefen sie an dem riesigen Stadtpalast Hôtel Salé, in dem das Museum untergebracht war, vorbei, ohne es groß zu beachten. Dann die Rue Elzevir hinunter bis zu ihrem Ende und immer weiter durch die von wunderschönen Altbauten gesäumten engen Straßen von Paris. Bis sie schließlich nach knapp zehn Minuten in die Rue François Miron einbogen, in dem die drei ältesten Häuser von Paris standen. Das jüngste war 1327 erbaut worden.

Das erzählte ihnen Lilou im Vorbeilaufen, obwohl sie auf der Flucht waren. Vielleicht wollte sie am Abend vor ihrem Vater nachweisen können, dass sie Joanna und Finn tatsächlich durch Paris geführt und sich ihr Geld somit verdient hatte. Als aber Finn stehen blieb, weil er die Häuser fotografieren wollte, wurde sie doch nervös.

»Eine klein wenisch Beeilung, s'il vous plaît.«

»Ja, ja«, nörgelte Finn. »Ich mach ja schon.«

Während er mit dem Smartphone die beiden alten Fachwerkhäuser mit den Giebeldächern fotografierte, fiel Lilou etwas ein. Sie zog die Speicherkarte aus ihrer Kamera und übergab sie Joanna.

»S'il te plaît, garde ça!«, bat sie Joanna, die mehr die Geste als die Worte verstand.

»Ich soll die Karte für dich aufbewahren?«, fragte sie nach.

Lilou nickte heftig mit dem Kopf. »Oui! Es ist sehr wischtig«, betonte sie. »Nimm diese Chip und gib ihn Jean.«

»Aber …?«, setzte Joanna an.

»Wir uns sehen in diese Nacht zu 'ause!«, versprach Lilou. »Schnell. Gib diese Jean!«

Und schon rannte sie los.

»Halt! Warte!«, versuchte Joanna sie zurückzuhalten. Doch da war Lilou bereits um die nächste Ecke verschwunden.

»Wer ist Jean?«, fragte Finn.

Joanna zog die Schultern hoch.

»Das würde ich auch gern wissen.«

Geheimnisvolle Fotos

Verwirrt betrachtete Joanna den Chip in ihrer Hand. Was hatte das alles zu bedeuten? Wieso gab Lilou diesem Jean nicht selbst den Chip? Was hatte sie damit zu tun? Je mehr Joanna darüber nachdachte, desto mehr kam sie zur Überzeugung, dass Lilous Aufforderung nur eines bedeuten konnte.

»Offenbar hat sie Angst, dass sie abgefangen wird und man ihr den Chip abnimmt«, erklärte sie Finn.

Finn begriff sofort, was Joanna damit sagen wollte. »Du meinst, wir sollten eine andere Richtung einschlagen als Lilou? Die Verfolger setzen weiter ihr nach, und je weiter wir weg sind, desto sicherer ist der Chip!«

Joanna lächelte ihren Bruder an. »Manchmal begreifst du erstaunlich schnell, Bruderherz.«

»Aber warum sollten wir das tun?«, hakte Finn nach. »Was immer auf dem Chip zu sehen ist, was geht uns das an? Wir wollen uns doch einfach nur Paris anschauen.«

»Möchtest du nicht wissen, was auf dem Chip zu sehen ist?«, fragte Joanna listig.

Finn nickte zögerlich und seine Schwester grinste zufrieden. Finn ärgerte sich über sich selbst. Es war sonnenklar, dass sie gerade dabei waren, sich mal wieder in höchste Gefahr zu begeben! Sein Bedarf an Abenteuern war mit den letzten Reisen mehr als genug gedeckt.

Doch es war zu spät.

»Kommen dir die beiden da nicht auch seltsam vor?«, fragte Joanna. Sie zeigte auf zwei junge Männer, die gerade die Straße herunterkamen und die nach Joannas Meinung sofort aus der Masse der Passanten herausstachen. Denn sie waren überhaupt nicht altersgemäß gekleidet. Stattdessen trugen die beiden jungen Männer dunkle Anzüge, als kämen sie soeben von einer Beerdigung. Nur hatten sie keine schwarzen Krawatten, sondern blaue. Genau das machte Joanna stutzig. Geschäftskollegen, die gerade Mittagspause machten, trugen nicht exakt die gleichen Krawatten. Waren das etwa Sicherheitsleute von der Modenschau?

Joanna überlegte, was die Wachmänner in der Halle getragen hatten, und erinnerte sich, dass deren Krawatten nicht blau gewesen waren. Zu denen also gehörten die beiden offenbar nicht.

Die beiden Männer kamen auf sie zu, zeigten aber nicht die geringsten Anzeichen, dass sie es auf Joanna oder Finn abgesehen hatten. Finn überkam ein ungutes Gefühl.

»Ganz ruhig«, zischte Joanna ihm zu. »Wir bleiben einfach hier stehen.«

»Okay«, gab Finn zurück, obwohl er daran zweifelte, dass es eine gute Idee war, jetzt nicht sofort wegzurennen.

»Ich glaube, sie kennen uns nicht«, sagte Joanna.

»Ach nein?« Finn hatte da Zweifel.

Nur noch wenige Schritte trennten die beiden von den Männern, die immer näher kamen und ihren Gang beschleunigten.

So kam es Finn jedenfalls vor. Als sie nur noch zwei, drei Meter entfernt waren, kniff er die Augen zusammen und stellte sich darauf ein, nun gefasst zu werden.

›Wieso gefasst?‹, fragte er sich selbst. Er hatte doch nichts zu verbergen. Außer diese mysteriöse Chipkarte, die Lilou ihnen so geheimnisvoll zugesteckt hatte. Vielleicht war das nur ein mieser Trick gewesen. Jetzt wurden sie wegen der Chipkarte festgenommen und verurteilt. Ganz bestimmt …

Doch da waren die beiden Männer bereits an ihnen vorbeigegangen, ohne Notiz von ihnen genommen zu haben.

»Du kannst die Augen wieder öffnen, du Schisser. Sie sind weg«, sagte Joanna.

Finn öffnete die Augen und wollte gerade tief durchatmen. Doch dann sah er, dass die beiden Männer stehen blieben und sich umdrehten.

»Ich glaube, die haben uns doch im Visier«, sagte Finn.

Joanna versuchte, die Nerven zu behalten. »Komm«, schlug sie vor. »Wir verziehen uns ganz ruhig und unauffällig in die andere Richtung.«

Sie wandten sich ab und gingen langsam die Straße entlang. Joanna zog ihr Smartphone hervor und hielt es am gestreckten Arm vor sich, als wollte sie ein Selfie von sich und ihrem Bruder machen. In Wahrheit aber behielt sie auf diese Weise die beiden Männer im Auge.

Finn sah im Display, wie die beiden Männer sich kurz berieten, umdrehten und wieder auf Joanna und Finn zugingen.

»Scheiße!«, fluchte Joanna. »Nichts wie weg.«

»Hab ich doch gleich gesagt!«, schimpfte Finn. »Wohin?«

»Egal! Dort entlang!«

Sie liefen Richtung Metrostation Saint-Paul, die ihren Namen der benachbarten Jesuiten-Kirche verdankte. Offenbar war diese Kirche bei Touristen sehr beliebt, denn vor der Kasse hatte sich eine lange Schlange gebildet. Doch Joanna und Finn hatten dafür keinen Blick. Den wandten sie lieber immer wieder nach hinten, um zu schauen, ob die Männer sie noch verfolgten.

»Mist, da hinten an der Ecke kommen sie!«, rief Finn.

»Okay, dann Nächste links!«, kommandierte Joanna.

Sie rannten in die Rue de Turenne, über einen kleinen, gemütlichen, von Cafés umsäumten Platz. Dort hätte Finn gerne haltgemacht, um ein Eis zu essen. Aber sie hatten immer noch diese seltsamen Männer auf den Fersen. Also liefen sie weiter die Straße hoch, vorbei an dem rechts von ihnen gelegenen Park Place des Vosges. Sie übersahen das Reiterdenkmal von König Ludwig XIII. und liefen stattdessen bis hinauf zur Rue des Francs Bourgeois. Doch die Männer hatten sie immer noch nicht abgeschüttelt.

»Verdammt!«, fluchte Joanna.

»Wir müssen irgendwo hin, wo mehr Leute sind. Dann können wir in der Menschenmenge untertauchen«, schlug Finn vor.

»Gute Idee!«, lobte Joanna. »Dann weiß ich auch, wohin!«

Finn lief seiner Schwester hinterher, bis sie wieder fast dort angekommen waren, wo sie losgegangen waren: neben der Modenschauhalle, am Hôtel Salé.

»Ich wollte ja sowieso mit Papa ins Picasso-Museum«, sagte Joanna augenzwinkernd. »5000 Werke des berühmtesten Künstlers Europas – das lässt man sich doch nicht entgehen! Also los.«

Finn konnte nicht fassen, dass seine Schwester in dieser Situation noch an Museen und Ausstellungen dachte. Aber Joanna rannte nur bis zum Kassenhäuschen, zog Finn an sich heran und versteckte sich mit ihm im Gewühl der Menschen, die ins Museum wollten.

Joanna schaute zwischen den Wartenden hindurch. Von hier aus konnte sie fast den gesamten Platz vor dem imposanten Palast überblicken. Aber von den beiden Männern war nichts mehr zu sehen.

»Ich glaube, sie sind weg!«, sagte Joanna nach einer Weile.

»Glück gehabt«, kommentierte Finn.

»Okay, dann gehen wir jetzt nach Hause und schauen, was auf dem Chip drauf ist. Wir müssen uns beeilen.«

Joanna blickte auf die Uhr. Finn wusste, weshalb. In zwei Stunden wollte ihr Vater zurück sein und sich im Hotel frisch machen, um danach mit ihnen die Stadt zu erkunden. Wenn sie sich also den Inhalt des Chips auf dem Netbook ihres Vaters ansehen wollten, mussten sie vor ihm im Hotel sein. Aber dennoch einen Umweg nehmen, um nicht dieselbe Richtung wie Lilou einzuschlagen. Joanna entfaltete den Stadtplan, den sie in der Tasche trug, um zu sehen, wie sie auf dem sichersten Weg zurück zur Place d'Italie kamen.

»Was hältst du davon, wenn wir den Batobus nehmen?«, fragte sie.

»Okay«, stimmte Finn zu und schaute sich nach einer Bushaltestelle um.

Joanna lachte. »Das ist kein Bus«, erklärte sie, »sondern ein Schiff.« Sie erzählte ihrem Bruder, dass der Batobus eine Art Wassertaxi war, das touristische Rundfahrten machte, vorbei an bekannten Sehenswürdigkeiten. Die Route konnte man aber auch wie eine normale Metro- oder Buslinie nutzen, nur eben auf dem Wasser.

Joanna zeigte nach vorn. »Dort liegt die Seine. Wir könnten zwar hier an einem Anleger einsteigen, aber lass uns sicherheitshalber einen Umweg nehmen. Von hier sind wir mit der Metro in gut zwanzig Minuten an der Station Alma-Marceau.

Dort gehen wir zu Fuß über die Brücke bis zur Batobus-Haltestelle Eiffelturm. Dann fahren wir mit dem Schiff einige touristische Highlights ab. Dabei sind wir als Touristen gut getarnt und sehen wirklich einiges. Vorbei an dem Stadtviertel Saint-Germain-des-Prés und der Kathedrale Notre Dame bis zum Jardin des Plantes und der Cité de la Mode.« Und sie zitierte gleich aus ihrem Reiseführer:

Die gewagte Location der Cité de la Mode beherbergt das Institut Français de la Mode mit Shops und Showrooms von Modedesignern und bietet temporäre Ausstellungen, u. a. in Kooperation mit dem Musée Galliera. Außerdem gibt es Restaurants, loungige Bars und Nachtclubs.

Finn verzog das Gesicht. »Klingt total langweilig.«

»Die Cité de la Mode schauen wir uns ja auch nicht an«, beruhigte Joanna ihn. »Unser Anleger liegt einen halben Kilometer davor, beim Jardin des Plantes. Dort steigen wir aus ...« Sie wechselte vom Routenplan des Batobus auf den normalen Stadtplan und zeigte auf die Haltestelle. »Hier. Dann können wir durch den Park gehen, in die Rue Geoffroy-Saint-Hilaire einbiegen, weiter über die Rue Jeanne d'Arc und den Boulevard de l'Hôpital geradeaus bis zur Place d'Italie. Das ist eine gute Viertelstunde zu Fuß.«

Finn blieb skeptisch. »Aber vorher die Fahrt mit der Metro und die Bootsfahrt. Alles in allem dauert das bestimmt knapp eineinhalb Stunden – vorausgesetzt, es kommt bald ein Schiff.«

»Das würde reichen«, antwortete Joanna. »Und Schiff fahren wollten wir doch sowieso.«

»Na, okay!« Finn war einverstanden.

Sie gingen bis zum Ende der Straße und überquerten sie bis zu einer kleinen Verkehrsinsel, auf der eine Skulptur stand. Diese sah auf den ersten Blick aus wie die Darstellung eines Feuers, auf den zweiten Blick erkannte man ein Herz. Um sie herum waren verwelkte Blumen abgelegt worden. Joanna blieb mit einem tiefen Seufzer stehen und sah sich die vergilbten Fotos an, die zwischen den verwelkten Blumen lagen. Die Fotos zeigten eine relativ jung aussehende Frau mit kurzen, glatten blonden Haaren.

Finn zuckte mit den Schultern. »Und? Wer ist das?«

»Das ist Lady Di!«, antwortete Joanna. »Eine echte Prinzessin. Die Prinzessin von Wales. Sie war die Frau von Prinz Charles, dem Sohn der britischen Königin Elisabeth.«

Finn stöhnte laut auf. »Och nö. Wen interessiert denn das? Und was hat die Prinzessin von Wales in Paris verloren?«

»Ihr Leben, Mann!«, schimpfte Joanna. »Du hast auch von nichts eine Ahnung.« Joanna zeigte auf die Einfahrt eines Tunnels, der direkt unter der Verkehrsinsel entlangführte, auf der sie standen. »Die ist hier von Paparazzi verfolgt worden. Ihr Fahrer hat Vollgas gegeben und ist dabei gegen die Tunnelwand gerast. Dabei ist Lady Di gestorben. Die ganze Welt hat um sie getrauert.«

»Und der Fahrer?«, fragte Finn.

»Ist auch gestorben«, antwortete Joanna.

»Aha«, sagte Finn ungerührt. »Um den hat die Welt aber nicht getrauert, oder? Die Blumen sind schon alle verwelkt und die Bilder vergilbt. Und vom Fahrer ist kein Foto dabei.«

»Ist ja jetzt auch gut zwanzig Jahre her«, erklärte Joanna.

»Nee, ist klar«, meckerte Finn. »Zwanzig Jahre. Woher soll ich die denn kennen?«

»Von YouTube«, sagte Joanna bestimmt.

Finn tippte sich an die Stirn. So weit kam es noch, dass er sich verstorbene Prinzessinnen im Internet anschaute. Viel mehr machte ihn nachdenklich, dass es bereits die zweite öffentliche Gedenkstätte war, die er in dieser Stadt kennenlernte. Die erste war die für die Opfer des Terrorismus gewesen. Paris schien ein gefährliches Pflaster zu sein.

Dabei fiel ihm ein, dass sie selbst sich gerade auf der Flucht befanden. Unwillkürlich schaute Finn sich nach allen Seiten um. War ihnen jemand auf den Fersen?

»Komm, lass uns weitergehen«, bat er ängstlich.

Joanna machte ein paar Fotos von der kleinen Gedenkstätte. Dann liefen sie über die grüne Fußgängerampel und weiter den Weg an der Seine entlang bis zum Ticketverkauf des Batobus. Sie hatten Glück. Kaum hielt Joanna die Karten in Händen, kam auch schon das Boot.

»16 Euro für uns beide!«, stöhnte sie. »Dafür wären wir wahrscheinlich auch mit dem Taxi nach Hause gekommen.«

»Na toll. Gut, dass dir das jetzt einfällt!«, kommentierte Finn.

»Motz mich nicht an!«, konterte Joanna. »Dafür machen wir wenigstens eine Bootsfahrt!«

Sie ergatterten sich hintereinander je einen Fensterplatz und hatten so die perfekte Sicht auf Paris. Joannas Zeitplan kam genau hin. Planmäßig erreichten sie das Hotel, eine gute halbe Stunde bevor ihr Vater zurück sein würde. Joanna steckte sofort den Chip in das Netbook ihres Vaters und war gespannt, was für Bilder sich darauf finden würden.

Im ersten Moment waren sie beide einigermaßen erstaunt. Zwar zeigten die Fotos Aufnahmen von der Modenschau, womit Joanna und Finn auch gerechnet hatten. Aber Lilou hatte kaum Models aufgenommen. Die waren lediglich auf drei Bildern zu sehen. Lilou hatte vor allem die geladenen Gäste fotografiert. Und zwar genau elf verschiedene. Diese aber jeweils mehrfach, wie Finn feststellte.

»Wer sind diese Leute?«, fragte er. Auch Joanna kannte niemanden der Abgebildeten.

»Promis sind das jedenfalls nicht«, stellte sie fest.

Doch Finn war sich da nicht so sicher. »Vielleicht sind das solche Promis, wie sie bei uns in Quizshows und Sendungen wie *Urwald-Camp* oder so auftreten. Die kennt man doch auch nie.«

Joanna gab zu, dass Finn recht haben könnte. Im Fernsehen luden sich die Moderatoren oft gegenseitig als Kandidaten ein. Dazu kamen die Zweit- oder Drittplatzierten aus irgendwelchen Castingshows. Wer nicht regelmäßig fernsah, würde die mit Sicherheit nicht erkennen. Wenn das im französischen Fernsehen auch so üblich war, konnte es gut sein, dass Lilou ein paar solcher B-Promis aufgenommen hatte.

»Aber wozu?«, fragte sich Joanna. »So wie wir Lilou kennengelernt haben, ist sie doch niemals Fan von *Frankreich sucht den Superstar* oder irgendwelcher Quizshows.«

»Na ja«, wandte Finn ein. »So wie Lilou aussieht, hätte ich auch nicht gedacht, dass sie sich für Mode interessiert.«

»Stimmt«, räumte Joanna ein, »aber niemand wird von Security-Leuten durch die Stadt verfolgt, weil er Fan von irgendwelchen Möchtegern-Promis ist. Lilou ist doch kein Hobby-Paparazzo.« Sie zeigte auf den Bildschirm. »Und schau mal, die älteren Fotos passen gar nicht dazu.«

Auf dem Netbook waren Tiere zu sehen, von denen Joanna und Finn im ersten Moment nicht wussten, um welche Arten es sich handelte.

»Ist das nicht ein Marder?«, fragte Finn und zeigte auf eines der Tiere.

Andere sahen eher aus wie Mäuschen. Oder vielleicht waren es auch Baby-Marder? Bei dem nächsten Bild war er sich schon sicherer.

»Das ist ein dickes Kaninchen! Wo hat sie das denn nur aufgenommen?«

»Kaninchen haben doch nicht so lange Schwänze«, widersprach Joanna. »Und auch keine Mausohren.«

»Was soll es denn sonst sein?«, fragte Finn. »Oder meinst du, das sind Mutanten?«

Joanna stöhnte auf.

»Du bist auch ein Mutant. So ein Quatsch!«

Joanna und Finn blätterten weiter in der Bildergalerie und stießen auf Lämmer, Füchse, Lamas und Schafe. Noch immer konnten sich die beiden keinen Reim darauf machen, warum Lilou diese Fotos gemacht hatte und weshalb sie sie vor den Wachmännern verstecken wollte.

»Wo hat Lilou eigentlich die Fotos gemacht?«, fragte Joanna.

»Im Zoo«, vermutete Finn. »Schau mal, das sind doch die Gitter von Gehegen oder Käfigen.«

Doch Joanna widersprach: »Also, wenn ich im Zoo fotografieren würde, dann würde ich doch viel interessantere Tiere aufnehmen: Elefanten, Löwen, Pinguine, Bären, was weiß ich.«

»Die Interessen sind eben verschieden«, entgegnete er. Doch dann kam es ihm selbst etwas komisch vor. Nicht mal ein Flamingo oder ein Papagei war auf den Fotos zu sehen.

»Man sieht überhaupt keine Vögel!«, stellte er fest. »Auch keine Fische. Nicht mal Seehunde. Fotografiert die nicht jeder, weil sie so süß sind und Kunststücke können?«

Joanna nickte und grübelte. »Also irgendwas haben diese Fotos zu bedeuten. Und ich glaube nicht, dass das mit einem Zoo zusammenhängt. Dann schon eher mit der Modenschau.«

»Mit der Modenschau?«, fragte Finn lachend. »Was haben denn Tiere mit der Modenschau zu tun? Meinst du, der Modemacher verkauft Mützen für Biber?«

Doch sein Lachen blieb ihm im Halse stecken, als Joanna mit den Fingern schnippte und erwiderte: »Nein! Nicht Mützen *für* Biber, sondern *aus* Biber! Das sind alles Tiere, deren Fell man für Kleidung nutzt: Pelzmäntel, Mützen und so weiter.«

Finn ging die Fotos nochmals durch. Schon beim ersten Tier stutzte er. »Mäntel aus Mardern?«

Joanna schüttelte den Kopf. »Aber Mäntel aus Nerzen. Das ist ein Nerz auf dem Foto!«

Finn zog die Augenbrauen hoch. »So sehen die in echt aus?«

Er kannte Nerze wirklich nur als Mantel, nicht als lebendiges Tier. So ähnlich wie bei gebratener Putenbrust, die er gern aß. Er hatte aber keinen blassen Schimmer, wie eine lebende Pute eigentlich aussah. Über Fischstäbchen musste er gar nicht erst nachdenken. Er hatte nicht die geringste Vorstellung, aus welchen Fischen die hergestellt wurden.

»Auf den Fotos sind noch Lamm, Schaf, Fuchs, Lama, Kaninchen und Biber zu sehen«, stellte Joanna fest. »Ich kann mir gut vorstellen, dass man aus dem Fell all dieser Tiere Mäntel und Mützen machen kann.«

Ihr fiel ein, dass ihre Mutter sich im Winter einen dieser modernen Parkas mit Fellkragen gekauft und dabei penibel darauf geachtet hatte, dass der Kragen nur aus Kunstfell gefertigt war.

Bei diesem Gedanken fiel Joanna etwas ein. Sie blätterte zurück zu den wenigen Bildern, auf denen ein paar der Models zu sehen waren.

»Hab ich's doch gewusst«, sagte sie. »Jedes der Models trägt etwas aus Fell.« Tatsächlich: Das erste mit dem knappen Bikini hatte eine Pelzmütze auf dem Kopf. Das zweite Model trug einen

Minirock aus glattem, glänzendem Fell. Und die Dritte seltsame Pelzstiefel, wie dicke Moonboots, darüber einen Minirock und einen BH, beides aus weißem Leder.

Und ebenso die Gäste, die Lilou heimlich aufgenommen hatte: Jeder der fotografierten Gäste, ob es nun Promis waren oder Fachjournalisten oder einfach nur reiche Kunden, trug etwas aus Pelz.

Joanna klickte auf einen Ordner, der nicht weiter bezeichnet war. Auch in ihm befanden sich Fotos. Wieder alles Tiere. Nur erkannten Finn und Joanna jetzt deutlich einige Käfige, in denen jeweils mehrere Tiere einer Art steckten.

»Das sieht nicht aus wie ein Zoo. Vielleicht eine Tierhandlung?«, vermutete Finn.

»Da werden doch keine Biber verkauft«, wandte Joanna ein.

»Und wenn die Modemacher die Tiere in Käfigen halten, bevor sie aus ihren Fellen Kleidung machen?«

»Das ist doch eklig!«, entrüstete sich Joanna. »Wer würde denn so unmenschlich sein? Sicher nicht die Modeleute. Meinst du, wenn du bei Karl Lagerfeld einen Pelzmantel bestellst, dann geht der erst nach hinten und holt zehn Kaninchen aus dem Stall?«

Finn fand den Gedanken gar nicht so abwegig. Er hatte mal zusammen mit seinem Opa einen Weihnachtskarpfen gekauft. Der war beim Fischhändler vor ihren Augen mit einem Kescher aus dem Aquarium gefischt worden.

Joanna schüttelte den Kopf. »Das ist doch kein Vergleich. Fisch will man möglichst frisch essen. Aber wer möchte schon ein frisch geschlachtetes Kaninchen am Leib tragen!«

»Ich will überhaupt kein Kaninchen am Leib tragen«, stellte Finn klar. »Schon gar nicht auf dem Kopf!«

Joanna musste schmunzeln bei der Vorstellung. Doch dann wurde sie schnell wieder ernst. »So kommen wir nicht weiter.

Wir müssen rauskriegen, wer dieser Jean ist. Dann können wir ihn fragen, was das für Fotos sind.«

Finn war einverstanden. »Aber wie sollen wir Jean finden?«

»Wir rufen einfach Lilou an!«, entschied Joanna. »Sie hat uns doch ihre Handynummer gegeben.«

Sie griff zum Hoteltelefon. Das war günstiger, als mit ihrem Handy eine französische Mobilnummer anzurufen. Doch sie erreichte nur Lilous Mailbox. Joanna überlegte kurz, ob sie etwas draufsprechen sollte, ließ es dann aber und legte wieder auf.

In dem Moment klopfte es an der Hotelzimmertür.

Wer ist Jean?

Joanna hielt den Atem an und starrte zur Tür. Finn wusste, weshalb sie so erschrak. Genau so eine Szene hatten sie schon einmal erlebt. In Prag. Damals war in ihr Hotelzimmer eingebrochen worden. Das Zimmer war völlig durchwühlt gewesen. Kurz nachdem sie den Einbruch bemerkt hatten, hatte es an der Tür geklopft und jemand hatte einen Zettel unter der Tür durchgeschoben. Darauf hatte gestanden, dass sie nicht zur Polizei gehen sollten. Deshalb blickte Finn sofort zur Türschwelle. Doch dort kam kein Zettel zum Vorschein.

»Wer da?«, fragte Joanna.

Keine Antwort.

»Scheiße!«, flüsterte Joanna.

»Meinst du, das sind die Wächter, die uns verfolgt haben?«, fragte Finn leise.

»Weiß nicht«, antwortete Joanna. »Wäre möglich.«

Dann fiel ihr ein, dass der vor der Tür ja vielleicht ihre Sprache nicht verstand. Angestrengt kramte sie in ihrem Gedächtnis nach Französischvokabeln und fragte: »Qui est là?«

»Jean!«, kam es von der Tür.

Joanna blieb fast das Herz stehen. Das grenzte ja schon an Zauberei! Genau in dem Moment, in dem sie Jean treffen wollten, klopfte er an die Tür?

Joanna wollte ihm öffnen. Aber Finn hielt sie zurück.

»Warte! Vielleicht ist das eine Falle!«

Joanna dachte einen Moment nach. Dann kam sie zu dem Schluss: »Nur wir beide wissen, dass Lilou uns zu Jean geschickt hat. Folglich kann es keine Falle sein.«

Finn blieb skeptisch, sagte aber nichts.

Joanna öffnete die Tür. Und war auf den ersten Blick hin und weg. Vor ihr stand ein junger Mann, vielleicht ein Jahr älter als Lilou, mit dunklen, gelockten Haaren und tiefschwarzen Pupillen. Genau Joannas Typ!

Finn verdrehte die Augen. Oh nein! Nicht schon wieder ein neuer Schwarm von Joanna. Die setzte ihr freundlichstes Lächeln auf und bat Jean herein.

Jean aber lächelte nicht. Seine Miene blieb ernst, abwartend und misstrauisch, wie Finn zufrieden feststellte. Wenn er Glück hatte, dann ließ dieser Jean seine Schwester gehörig abblitzen.

»Joanna?«, fragte Jean.

Joanna schmolz dahin. Jean kannte ihren Namen!

Nun trat Jean vorsichtig einen Schritt ins Zimmer, nicht ohne sich vorher noch mal zu vergewissern, dass ihn auch niemand auf dem Flur beobachtete.

»Puce?«, fragte er, ohne eine weitere Begrüßung oder Erklärung.

»Püss?«, wiederholte Finn. »Was meint er damit? Etwa Peace wie Frieden? Wir tun ihm doch nichts.«

Joanna wusste es auch nicht, ahnte es aber. Sie zog den Fotochip aus der Tasche und zeigte ihn Jean.

»Oui, c'est ça!«, sagte Jean. »Puce.«

»Das ist doch ein Chip!«, ereiferte sich Finn. »Nennt ihr nicht mal amerikanische Dinge beim richtigen Namen?«

Jean verstand Finn zum Glück nicht. Trotzdem warf Joanna ihrem Bruder einen vorwurfsvollen Blick zu. Dann wurde ihr klar, dass Jean ausschließlich Französisch sprach. Das konnte ja heiter werden.

»Äh …«, begann sie, was Jean für völlig normal zu halten schien. Schon auf der Straße und in der Metro war Finn aufgefallen, dass die Franzosen in jedem Satz mindestens zehn Mal »äh« oder »öh« sagten.

»Vous«, Joanna zeigte auf Jean. »Ami. Lilou?«

»Ami?«, fragte Finn verwundert. »Das ist doch kein Ami!«

Joanna verzog die Mundwinkel.

»Ami heißt Freund, du Dödel!«

Jean schüttelte den Kopf. »Je suis le frère de Lilou«, sagte Jean.

Joanna schlug sich an die Stirn. »Aber natürlich! Das ist ihr Bruder!«, übersetzte Joanna. »Da hätten wir auch selbst draufkommen können.«

»Wieso das denn?«, widersprach Finn.

»Na«, erklärte Joanna. »Wäre Jean ein Freund, hätte sie uns das erklärt. Nur von einem kann sie annehmen, dass wir ihn kennen, weil unser Vater uns bestimmt von ihm erzählt hat: ihrem Bruder. Nur hat unser Papa vergessen, uns das zu sagen!«

Das konnte sich Finn gut vorstellen. Ihr Vater war tatsächlich sehr schusselig.

»Bonjour!«, begrüßte Joanna Jean nun noch einmal überfreundlich.

Jetzt dämmerte es Finn, weshalb Joanna so fröhlich wirkte. Sie war erleichtert, dass Jean nicht Lilous Freund war. Joannas Schwarm war also vermutlich noch frei. Finn seufzte.

Jean nickte freundlich und erklärte schnell, dass er nicht bei Lilou und ihrem Vater, sondern bei der gemeinsamen Mutter wohnte. So weit konnte Joanna ihm ungefähr folgen.

Jean dauerte das Gespräch aber offenbar viel zu lange. »La puce, s'il te plaît!«, wiederholte er.

»Oui, oui!«, antwortete Joanna und reichte ihm den Chip.

Gerade als Jean zugreifen wollte, zog sie ihn allerdings zurück und fragte: »Quels sont ces animaux? Pourquoi la puce est-elle importante?«

»Hä? Was hast du gesagt?« Finn verstand kein Wort.

»Ich habe ihn gefragt, was das für Tiere sind und wieso der Chip so wichtig ist«, erläuterte Joanna.

Jean zog die Augenbrauen zusammen und fragte zurück: »Lilou ne vous a rien dit?«

Joanna schüttelte den Kopf. »Non. Lilou hat uns nichts erzählt.«

»Alors, je ne dis rien non plus.«

»Was?«, empörte sich Joanna. »Was soll das heißen, dann sagst du auch nichts? Wir haben den Chip für euch gerettet, und ihr sagt nicht mal, wieso und was das soll?«

Jean sah sie nur mit großem Unverständnis an. Er streckte die Hand aus und forderte zum dritten Mal: »La puce, s'il te plaît!«

Joanna zögerte noch einen Augenblick, dann überreichte sie ihm die Speicherkarte. Finn sah ihr aber sofort an, dass Joanna es nicht darauf beruhen lassen würde. Für seine Schwester war der Fall noch lange nicht erledigt!

Jean verabschiedete sich mit einem kurzen Kopfnicken und ging. Joanna schaute ihm noch einen kleinen Augenblick hinterher, bevor sie die Tür des Hotelzimmers wieder schloss.

»Und?«, fragte Finn. »Was hast du jetzt vor?«

Joanna lächelte ihren Bruder an. »Wir machen ganz einfach das, was wir heute Morgen Papa versprochen haben.«

Finn zog die Augenbrauen hoch. Mit dieser Antwort hatte er als Letztes gerechnet. »Was haben wir Papa denn versprochen?

»Na, ganz einfach«, grinste Joanna. »Nach unserem Tagesausflug sollten wir doch mit Lilou zu ihr nach Hause gehen. Papa wollte sich nach der Tagung im Hotel frisch machen und uns dann bei Lilou abholen.«

»Stimmt«, pflichtete Finn ihr bei.

»Also gehen wir zu Lilou nach Hause«, bestimmte Joanna. »Entweder sie ist schon da. Dann können wir sie fragen, was der ganze Zauber sollte. Oder sie kommt nicht, dann schauen wir uns ein wenig in ihrem Zimmer um. Vielleicht finden wir Hinweise darauf, was Lilou und Jean im Schilde führen.«

Joanna holte einen Schlüssel aus der Tasche und hielt ihn ihrem Bruder vor die Nase.

Finn wollte gerade nachfragen, was das für ein Schlüssel sei, da dämmerte es ihm schon. »Du hast einen Schlüssel von Lilous Wohnung?«

»Lilous Papa hat mir einen Ersatzschlüssel für die Wohnung gegeben. Dazu den Code für die Haustür. In so einer großen Stadt wie Paris kann man sich doch mal aus den Augen verlieren«, antwortete Joanna mit einem vielsagenden Lächeln.

Spurensuche

Eine halbe Stunde später standen sie vor dem Haus, in dem Lilou mit ihrer Familie wohnte. Joanna klingelte, aber niemand öffnete die Tür.

»Das hatte ich mir schon gedacht«, sagte Joanna. »Lilous Eltern arbeiten noch. Und Lilou selbst hatte nach der Modenschau sicher noch was vor. Sonst hätte sie sich bestimmt bei uns gemeldet oder den Chip direkt von uns zurückverlangt, anstatt ihren Bruder zu schicken.«

»Aha«, kommentierte Finn knapp. Allmählich fiel es ihm schwer, ihr zu folgen. »Was geht uns eigentlich die ganze Sache noch an?«

»Hast du dir mal überlegt, was mit uns passiert, wenn Lilou verschwindet, Bruderherz?«, fragte Joanna. »Dann dürfen wir Papa zu seinem langweiligen Kongress begleiten, in der Ecke sitzen und still Bücher lesen oder was malen. Willst du das?«

Finn schüttelte energisch den Kopf. Das wollte er auf gar keinen Fall.

»Oder wir dürfen den ganzen Tag im Hotelzimmer versauern«,

setzte Joanna fort. »Papa hat Mama versprechen müssen, dass er uns auf gar keinen Fall allein durch Paris ziehen lässt.«

So folgte Finn Joanna, ohne zu klagen.

Joanna gab den Code auf dem Tastaturfeld an der Haustür ein. Ohne einen solchen Code kam man in Paris in der Regel in kein Haus hinein. Im Treppenhaus schloss sie die Wohnungstür auf und betrat das Appartement von Lilous Familie.

»Hallo?«, rief Joanna durch den Flur. Sie wollte auf keinen Fall den Eindruck erwecken, dass sie bei ihren Gastgebern einbrach.

»Es ist niemand da«, stellte sie fest.

Für Finn war dies noch lange kein Grund, irgendetwas in der fremden Wohnung anzurühren.

Joanna hingegen sah die Sache anders. »Ich hab sie ja nun wirklich oft genug gefragt«, fand sie. »Aber wer keine Antwort bekommt, der muss sie eben selbst suchen.«

Wie selbstverständlich betrat sie Lilous Zimmer.

Finn zögerte noch immer. »Was würdest du sagen, wenn jemand dein Zimmer ungefragt durchsuchen würde?«

»Das ist ja wohl etwas anderes. Ich verstecke keine geheimnisvollen Chips in den Taschen meiner Freunde und bringe sie damit in Gefahr!«

»Schon klar!« Auf diese Antwort hätte Finn vorher wetten können.

Joanna wurde schnell fündig. Mit einem gezielten Griff unter das Kopfkissen zog sie ein Notizbüchlein hervor.

»Woher wusstest du …?«, staunte Finn.

»Da habe ich mein Tagebuch auch versteckt«, gab Joanna zurück. »Aber mach dir keine Hoffnung. Ab heute Nacht suche ich mir ein neues Versteck.«

»Hoffnung?«, wiederholte Finn und verdrehte die Augen. »Nichts ist mir so egal wie dein Tagebuch!«

»Ist auch besser so!«, warnte Joanna. Und begann in dem Büchlein zu blättern.

Finn unternahm einen letzten Versuch, sie davon abzuhalten. »Joanna, du kannst doch nicht einfach …«

»Es ist gar kein Tagebuch!«, stellte Johanna fest, ohne auch nur mit einer Silbe auf Finns Einwand einzugehen. »Es ist ein Kalender.« Sofort verfinsterte sich ihre Miene. »Wer hat so geheime Termine, dass er einen Kalender unter dem Kopfkissen versteckt?«

»Vielleicht hat sie einen heimlichen Freund!«, mutmaßte Finn und grinste.

Joanna hatte die Anspielung auf sich und ihre zahlreichen Jungs, mit denen sie flirtete, wohl verstanden. »Die Dates mit seinem Freund hat man ja wohl im Kopf!«, verkündete sie.

»Aha!«, sagte Finn nur.

Joanna überhörte die Bemerkung, blätterte in dem Kalender das aktuelle Datum auf und tippte mit dem Finger auf eine Eintragung. »Morgen um Mitternacht ist hier etwas eingetragen: »AvMo. Was könnte das bedeu…?«

»Da kommt jemand!«, unterbrach Finn sie.

Blitzartig ließ Joanna den Terminkalender wieder unter dem Kopfkissen verschwinden.

Wenige Minuten später stand Lilou in der Tür. Sie schrak zurück, als sie Joanna und Finn entdeckte, und brauchte eine Sekunde, um sich zu fangen. Dann fragte sie, was die beiden in ihrem Zimmer zu suchen hatten.

Joanna aber ließ sich gar nicht erst in die Rolle drängen, sich verteidigen zu müssen.

»Was wir hier machen?«, fragte sie ungeniert zurück. »Auf dich warten! Du hast uns mitten in Paris stehen lassen. Was wird dein Vater dazu sagen? Und unserer erst!«

Mit sicherem Gespür hatte Joanna den wunden Punkt getroffen. Lilou reagierte nervös, schaute sich kurz um, als könnte einer der beiden Väter hinter der Tür lauschen, und ging auf Joanna zu.

»Ihr mich nicht werdet gepfiffen, oder?«

»Verpfeifen?«, fragte Joanna. »Nein. Aber dann sag uns wenigstens, was das alles zu bedeuten hat!«

Lilou atmete sichtbar auf, verfiel aber sofort wieder in die alte Heimlichtuerei.

»Bedeuten?«, fragte sie scheinheilig. »Was meinst du?«

»Na, was wohl?«, gab Joanna zurück. »Die ganze Heimlichtuerei um den Chip. Wir haben Bilder darauf gesehen. Tierbilder! Was soll das? Und wo warst du?«

Lilou winkte ab. »Isch 'ate eine klein wenig Problematik mit die Polizei. Nischt weiter von die Bedeutung.«

Doch Joanna gab sich nicht zufrieden. »Nicht von Bedeutung?«, wiederholte sie. »Na hör mal. Wir wurden verfolgt!«

Lilou merkte auf. »Von wem?«

»Wachleute«, antwortete Joanna. »Security.«

Aus Lilous Reaktion wurde Joanna nicht ganz schlau. War sie erleichtert darüber, dass sie nicht von der Polizei verfolgt worden waren? Oder hatte Lilou mit einem ganz anderen Verfolger gerechnet? Lilou gab keine eindeutige Antwort darauf.

»Es tut mir leid, dass isch eusch 'abe belästigt«, säuselte sie. »Es wird nischt mehr kommen vor. Übermorgen wir treffen uns wieder zu Paris besuchen.«

»Übermorgen?«

»Morgen isch leider kann nischt.«

»Wieso nicht?«, hakte Finn nach.

Auch hierauf gab Lilou keine direkte Antwort. Sie hätte etwas Wichtiges zu tun, behauptete sie. Das hätte sie lieber nicht sagen sollen. Etwas Wichtiges? Joannas Spürsinn war geweckt!

»Hängt es mit den Fotos zusammen?«, bohrte sie sofort nach.

Lilou seufzte. »Es ist besser, ihr wisst nischt!«

Doch damit ließ Joanna sich natürlich nicht abspeisen. »Ich hab Kopien von den Fotos gemacht«, teilte sie Lilou mit.

Finn zog die Augenbrauen hoch, sagte aber nichts. Kopien? Davon hatte er gar nichts mitbekommen. Oder bluffte Joanna nur? Er kannte das schon. Wenn seine Schwester etwas wollte, war sie nicht zimperlich.

Lilou wurde blass um die Nase. »Du wirst nischts erzählen meine Papa?«

»Na ja«, setzte Joanna nach. »Wenn du uns nichts erzählst ...«

»Bon! Isch erzähle euch. Meine frère ... öh ... Brüder ...«

»Bruder!«, verbesserte Joanna. »Du meinst Jean?«

Lilou nickte. »Ja, meine Bruder Jean und isch. Wir sind Mitglied in Organisation für ... öh ... protection ... Schutz für die animaux.«

»Tiere?«, fragte Joanna nach. »Ihr seid Mitglieder in einer Tierschutzorganisation?«

»Oui!«, bestätigte Lilou.

Joanna atmete erleichtert auf. »Das ist doch prima! Finn und ich mögen auch Tiere.« Joanna warf ihrem Bruder einen skeptischen Blick zu, um sich dann zu korrigieren. »Also ich jedenfalls.«

»Was soll das denn heißen?«, ging Finn beleidigt dazwischen. »Ich mag auch Tiere!«

Gut, er flippte jetzt nicht so aus wie Joanna, wenn er Pferde oder Lämmchen oder kleine Hündchen sah. Aber zumindest hatte er auch nichts gegen sie.

»Aber das ist doch toll, wenn ihr Tiere schützt«, sprach Joanna weiter. »Warum hältst du das geheim?«

Lilou zog nur die Schultern hoch und Joanna spürte sofort: Lilou hatte ihr noch nicht alles gesagt.

»Und die Fotos?«, fragte Joanna nach. »Was haben die Fotos damit zu tun? Macht ihr eine Ausstellung oder so?«

Lilou kräuselte kurz die Stirn. »Oui!«, antwortete sie schließlich, und Finn sah seiner Schwester an, dass sie ihr nicht glaubte.

Sofort korrigierte sich Lilou dann auch selbst. »Äh ... non. Nicht Ausstellung, wir ... öh ... machen ein kleine ... wie soll isch sagen ... action.«

»Aktion?«, fragte Joanna. »Was denn für eine Aktion?«

Lilou stöhnte. Man sah ihr an, dass sie das Gespräch am liebsten sofort abgebrochen hätte. »Ich darf eusch nicht sagen mehr.«

Jetzt erinnerte Finn sich wieder an den Besuch von Lilous Freundin Antoinette. Joanna hatte Worte wie Polizei, Treffpunkt, Einbruch und Fluchtweg verstanden. Er zeigte auf eine bereitliegende Maske, unter der ein Dietrich hervorlugte.

»Ihr wollt irgendwo einbrechen, stimmt's?«

Jetzt stand Lilou sehr deutlich das Entsetzen im Gesicht geschrieben.

»Aber klar!«, rief Joanna. »Finn hat recht!«

»Aber was wollt ihr denn klauen?«, fragte Finn weiter. »Pelzmäntel?«

Kaum hatte er seine Frage ausgesprochen, fasste sich Joanna an den Kopf. »Das ist Quatsch! Ihr wollt Tiere befreien! Auf den Fotos waren doch Tiere in Käfigen zu sehen. Tiere, aus denen man Pelzmäntel machen kann.« Sie zählte auf, an welche sie sich erinnerte: »Lamm, Rotfuchs, Lama und dieses Schaf ...«

»Karakul«, präzisierte Lilou. »Für manteau persan.«

»Was?« Finn verstand kein Wort.

Lilou wiederholte: »Das Schaf: Karakul für manteau persan. Persan, vouz savez?«

Jetzt verstand Joanna: »Persianermantel.«

»Oui!«, bestätigte Lilou.

»Wow!«, sagte Joanna anerkennend. Sie hatte also richtig vermutet. Lilou und ihr Bruder wollten tatsächlich nachts die Tiere befreien, damit man sie nicht für die Pelzverarbeitung tötete.

»Das finde ich gut!«, erklärte sie Lilou. »Wirklich. Aber wir …« Sie warf ihrem Bruder einen bedauernden Blick zu. »Wir können leider nicht mitmachen. Zu gefährlich.«

Lilou nickte eifrig und ein Lächeln huschte über ihr Gesicht. »Isch verstehe. Es ist besser, ihr seid nicht dabei. Ihr müsst euch gedulden. Isch 'abe übermorgen wieder Zeit, um Paris zu zeigen. D'accord?«

»In Ordnung«, stimmte Joanna zu.

Finn war nicht weniger erleichtert als Lilou. Es hätte ihn nicht gewundert, wenn seine Schwester darauf bestanden hätte, an der nächtlichen Aktion teilzunehmen. Nun aber war ja alles geregelt und sie konnten sich endlich einem völlig ungefährlichen Touristenprogramm widmen.

»Dann alles Gute und viel Glück!«, sagte Joanna.

Sie reichte Lilou die Hand. Glücklich schlug diese ein. Die Mädchen küssten sich zur Verabschiedung auf die Wangen, während Finn schnell das Weite suchte und nur winkte. Zum Glück kam in dem Moment ihr Vater, um sie abzuholen.

Zufällige Begegnung

Unten auf der Straße blieb Joanna ein wenig zurück, schnappte sich ihren Bruder, sah hinauf zum Fenster und fragte ihn im Flüsterton: »Ganz schön mutig, so eine Tierbefreiungsaktion. Würdest du dich das trauen?«

»Ich?«, fragte Finn entrüstet. »Ich würde nicht im Traum auf die Idee kommen!«

Joanna legte schnell den Finger auf ihren Mund. »Pst! Nicht so laut!« Aber ihr Vater war schon einige Meter voraus und hatte nichts mitbekommen.

Dieses Mal gingen sie die Rue Cajas hinauf Richtung Jardin du Luxembourg. Der Park stand auf ihrer Besichtigungsliste. Zwar nannten die Franzosen ihn »Garten«, aber er entpuppte sich als riesiger Park, der genauso langweilig war, wie man sich städtische Parks vorstellte: breite, sauber angelegte Sand- und Kieswege, gesäumt von großen gepflegten Rasenflächen. Blumentöpfe, Säulen und altertümliche Kelche, Amphoren, Schalen und Pflanzentöpfe verliehen dem Garten das Flair eines Museums.

Finn und Joanna trauten sich kaum, von den Wegen abzuge-hen, aus Angst, von einem Wächter zurückgepfiffen zu werden.

»Kein Wunder«, erklärte ihr Vater. »In diesem Teil des Parks gibt es einen Palast und ein kleines Nebenschloss, in dem der Senatspräsident residiert. Dahinten sieht es schon anders aus. Da gibt es ein Karussell, die Kinder können auf Ponys reiten und kleine Segelschiffe ausleihen, die sie in dem Brunnen fahren lassen können. Sogar ein Kasperletheater ist da.«

»Kasperletheater?«, fragte Finn. »So etwas hab ich ja seit dem Verkehrskasper in der Schule nicht mehr gesehen.«

»Aber es gibt doch auch einen Abenteuerspielplatz, Tennis- und Basketballplätze«, erklärte Joanna.

Finn überlegte einen Moment. »Darauf hätte ich Lust!«

Doch ihr Vater sah auf die Uhr. »Es ist leider schon spät. Wol-len wir nicht lieber zu Abend essen?«

Finn und Joanna stimmten zu und gingen Richtung Ausgang weiter.

Nachdem sie ein paar Schritte gegangen waren, blieb Finn ste-hen und hielt seine Schwester am Ärmel fest. »Schau mal, ist das dort vorn nicht diese ... wie hieß sie noch?«

»Antoinette!« Auch Joanna erkannte sie jetzt wieder. »Lilous Freundin!«

Antoinette verteilte Handzettel vor dem Infostand einer Tier-schutzorganisation. Ihr Vater, der gut zwanzig Meter vor ihnen ging, kam gerade an ihr vorbei und ließ sich einen Flyer geben. Offenbar erkannte er sie nicht wieder, obwohl er sie bei Lilou gesehen hatte.

»Wollen wir ihr mal Hallo sagen?«, fragte Joanna.

Finn hatte keine große Lust dazu. Aber Joanna ging bereits auf das Mädchen zu, winkte und rief ihren Namen. Antoinette konn-te sich im ersten Moment gar nicht an die beiden erinnern. Erst als Joanna nachhalf, dämmerte es ihr – weswegen sie aber nicht unbedingt freundlicher zu den beiden war. Sie reichte Joanna einen Handzettel und fragte, ob sie den überhaupt lesen könne.

»Non«, antwortete Joanna ehrlich, nahm den Zettel aber dennoch an.

Antoinette schien es egal zu sein. Sie ließ Joanna einfach stehen, ging ein paar Meter weiter und verteilte wieder ihre Zettel an die Passanten.

»Komm, wir stören nur«, sagte Finn und versuchte, seine Schwester zum Fortgehen zu bewegen.

Joanna aber blieb stehen und hielt ihm den Handzettel vors Gesicht. »Sieh dir das mal an. Fällt dir was auf?«

Finn schaute auf das Flugblatt, auf dem neben einem Text auch zwei Fotos abgebildet waren. Dann schüttelte er den Kopf.

»Sieh mal genau hin«, forderte Joanna ihn auf. Sie tippte auf einen Mann, der auf einem der Fotos abgebildet war.

Jetzt glaubte auch Finn ihn wiederzuerkennen. »Ist das nicht der junge unbekannte Modemacher, bei dessen Modenschau wir heute Morgen waren?«

Joanna nickte. »Allerdings.« Nun tippte sie auf das zweite Foto. Es zeigte mehrere Nerze in einem Käfig. »Dieses Foto war auch auf Lilous Chip.«

Finn kräuselte die Stirn. »Bist du sicher?« Er hatte so viele Fotos auf dem Chip gesehen, dass er sich nicht an jedes einzelne erinnern konnte.

»Sicher!«, behauptete Joanna.

»Und?«, fragte Finn. »Was bedeutet das?«

»Na, dass Lilou uns keineswegs eine Modenschau zeigen wollte. Sie hatte dort etwas zu tun, das mit ihrer Aktion zusammenhängt. Uns hat sie nur mitgeschleppt, weil sie nicht wusste, wohin mit uns.«

»Was?«, empörte sich Finn. »Die kassiert von ihrem Vater Geld als Stadtführerin und kümmert sich nur um ihren eigenen Kram?«

Joanna nickte. »Sieht ganz so aus.«

»Das ist ja wohl eine linke Tour!«, schimpfte Finn. »Morgen hat sie deshalb überhaupt keine Zeit für uns.«

»Ja«, bestätigte Joanna. »Aber das find ich noch in Ordnung, wenn die wirklich Tiere befreien wollen.«

Joanna ging nun doch noch einmal zurück zu Antoinette. Sie fragte einfach ganz direkt, wann und wo die Aktion stattfinden würde. Finn stöhnte auf. Und ausgerechnet er war es, der Antoinette entdeckt hatte. Hätte er bloß seinen Mund gehalten!

Auch ihr Vater wurde schon nervös. Er drehte sich nach den Kindern um und rief: »Wo bleibt ihr denn?«

»Wir kommen gleich!«, versprach Finn.

Währenddessen schaute Antoinette Joanna nur entgeistert an, zog sie dann plötzlich einige Meter mit sich und zischte ihr zu: »Pst! What do you know from our plan?«

Joanna zwinkerte ihr verschwörerisch zu, als wäre sie in alles eingeweiht. Doch Antoinette fand das überhaupt nicht witzig. Ernst blickte sie zu ihren beiden Mitstreitern: zwei männliche Jugendliche, vielleicht so in Jeans Alter, die ebenfalls Handzettel verteilten. Finn begriff: Antoinette war es überhaupt nicht recht, dass Joanna und er von der Aktion wussten. Und ihre Freunde sollten auf keinen Fall mitbekommen, dass Lilou offenbar etwas ausgeplaudert hatte.

»Go!«, wies Antoinette Joanna an. »Be quiet and go!« Sie schob Joanna von sich fort.

»Hey!«, beschwerte Joanna sich.

Antoinettes Mitstreiter schauten sich schon nach ihnen um. Jetzt fragten sie etwas, was Finn nicht verstand. Vermutlich, ob

Antoinette Ärger hatte und Hilfe benötigte. Antoinette beeilte sich zu versichern, dass alles in Ordnung sei. Dann legte sie den Finger auf den Mund und schob Joanna ein weiteres Mal von sich. »Allez! Allez!«

»Schon gut, schon gut!«, sagte Joanna. »Wir gehen ja schon.«

Als sie außer Hörweite waren, zischte Joanna: »So eine blöde Zicke! Als ob ich zur Polizei rennen würde, weil sie Tiere retten wollen.«

»Lass sie doch«, bat Finn. »Wir sollten uns da nicht länger einmischen.«

Doch Joanna sah das ganz anders. »Je mehr ich über die Sache nachdenke, desto seltsamer kommt sie mir vor.«

Sie zog noch mal den Handzettel hervor. »Was hat denn der Modemacher mit den Tieren in den Käfigen zu tun? Gut, der kauft die Pelze, aber wieso steht hier nichts über die Tierzüchter? Ich meine, sie wollen die Tiere doch befreien, das können sie ja wohl kaum aus dem Pelzgeschäft heraus. Die müssen doch zu den Käfigen und den Züchter anprangern!«

»Stimmt«, gab Finn zu.

»Ich weiß schon, was wir morgen machen!«, verkündete Joanna.

Einmal mehr stöhnte Finn laut auf. Denn er wusste: Was immer Joanna vorhatte, sie würden keinen entspannten Touristentag erleben.

Die Straße der Mode

Mit ordentlichem Hunger betrat Finn am nächsten Morgen das Hotelrestaurant und freute sich aufs Frühstück. Doch am Eingang wurden sie von einer mürrischen Frau aufgehalten, die sie nach der Zimmernummer fragte. Es stellte sich heraus, dass ihr Vater die Übernachtungen ohne Frühstück gebucht hatte.

»Wieso das denn? Ich hab Hunger!«, meckerte Finn.

Joanna fragte, wie viel ein Frühstück kostete.

»18 Euro!« Finn konnte es nicht fassen.

»Das war Papa sicher zu teuer«, sagte Joanna. »Stell dir vor, er müsste für uns drei täglich 54 Euro allein fürs Frühstück ausgeben!«

»Und nun?«, fragte Finn.

»Papa hat uns doch Geld mitgegeben«, erinnerte Joanna ihn. »Offenbar sollen wir davon auch ein Frühstück in einem Café bezahlen. Kennst Papa ja, er hat nur vergessen, es uns zu sagen.«

Finn seufzte. »Wir sollten uns mal auf einem Gemälde festhalten lassen, sonst vergisst Papa irgendwann noch, dass es uns überhaupt gibt!«

Joanna lachte. »Quatschkopf. Papa hat uns doch schon öfter gemalt!«

Glücklicherweise wimmelte es in Paris nur so von Bistros, in denen man frühstücken konnte. Joanna und Finn gingen einfach bis zum nächsten Café, keine hundert Meter weit. Im Gegensatz zum Hotel, wo das Frühstück im Keller aufgebaut war, konnte man hier draußen sitzen. Zwar saß man dann direkt an der lauten Straße, aber das machte Finn nichts aus. Er suchte sich mit Joanna einen Platz und staunte, wie voll es bereits war. Drinnen standen fünf Arbeiter am Tresen, die Espresso tranken, dazu irgendein Gebäck aßen, sich lauthals unterhielten, aber auch schnell zahlten und wieder gingen. Draußen saßen bereits einige wenige Touristen, die sich offenbar wie Finn und Joanna die Frühstückspreise im Hotel sparen wollten.

Dann endlich kam ein Kellner. Finn bestellte sich Baguette, Butter und Marmelade sowie ein Glas Orangensaft. Joanna nahm das Gleiche.

»Gibt's hier keine Cornflakes oder Nutella? Auf Crêpes hätte ich auch Lust. Wenn man schon mal in Frankreich ist«, sagte Finn.

»Na ja«, erläuterte Joanna. »Die Franzosen frühstücken nicht viel. Die essen später am Abend richtig groß. Und Crêpes isst man hier nicht zum Frühstück, sondern eher mal zwischendurch. Die kann man dann an Essständen oder in Crêperien kaufen.«

»Die spinnen, die Franzosen!«, zitierte Finn Obelix.

»Pst!«, machte Joanna. »Wenn dich jemand versteht!«

Dann zauberte sie plötzlich den Handzettel vom Vortag hervor, von dem Finn gehofft hatte, Joanna hätte ihn längst vergessen.

»Ich hab nachgeschaut, wo der sein Geschäft hat!« Joanna tippte mit dem Finger auf das Foto des jungen Modedesigners.

Der Kellner kam und brachte den Kindern das bestellte Frühstück.

›Das ging jetzt aber schnell‹, dachte Finn, musste dann allerdings feststellen, dass dieses Frühstück auch schnell zubereitet war. Butter und Marmelade waren in kleinen Plastikschälchen. Dazu das Baguette und der O-Saft. Das alles auf einen Teller zu stellen dauerte keine zwei Minuten.

»Ein karges Frühstück hat eben auch seine Vorteile«, grinste Joanna und schnitt sich das Baguette auf. Wobei sie plötzlich innehielt.

»Was ist?«, wollte Finn wissen.

»Ich weiß nicht, ob man das hier so macht«, flüsterte Joanna ihm zu. »Ich glaube, in Frankreich bricht man das Baguette nur ab und schneidet es nicht in der Mitte durch wie ein deutsches Brötchen.«

»Pah!«, entgegnete Finn. »Ist mir doch wurscht. Wie soll ich es denn sonst beschmieren, wenn ich es nicht aufschneiden darf? Apropos wurscht: 'ne Salami wäre jetzt auch nicht übel.«

»Nörgle nicht immer«, wies Joanna ihn zurecht. »Sondern iss deine Marmelade!«

»Mache ich ja!«, blaffte Finn sie an.

»Also.« Joanna kam auf das Foto des Modedesigners zurück. »Ich hab im Internet nachgeschaut, wo der seinen Laden hat. Gar nicht weit von dort, wo wir gestern waren. Weißt du noch, wo diese Gedenkskulptur für Lady Di stand?«

»Klar. Und?« Finn trank einen Schluck Orangensaft und schaute seiner Schwester in die Augen. »Was hast du vor? Ich dachte, wir machen heute endlich einen schönen Ausflug durch Paris. Vorausgesetzt, Papa lässt uns allein gehen.«

»Hab ich schon mit ihm geklärt«, antwortete Joanna. »Ich hab gesagt, wir machen eine Stadtrundfahrt mit dem Bus. Da kann ja nichts passieren. Einsteigen, Stadt angucken, nach zwei Stunden wieder aussteigen.«

»Super!«, freute sich Finn. »Das sind doch Doppelstockbusse mit offenem Dach. Hoffentlich bekommen wir einen Platz oben und ganz vorne.«

»Hä?«, fragte Joanna. »Wir fahren doch überhaupt nicht mit dem Bus.«

Finn verstand nun gar nichts mehr. »Aber du hast gerade eben …«

»Das hab ich Papa erzählt! Hörst du nicht zu?«, schimpfte Joanna. »Ich hab dir doch gerade gesagt, wo wir hingehen!«

»WAS?«, quiekte Finn so laut auf, dass sich einige Gäste nach ihnen umdrehten. »Ich soll wieder zu so 'nem Modefuzzi? Was sollen wir denn da?«

»Pst!« Finn war halb aufgesprungen. Joanna drückte ihn wieder hinunter auf seinen Sitz. »Nun heul nicht gleich. Wir schauen uns da nur kurz um. Danach können wir von mir aus die Busfahrt machen. Eine Haltestation ist dort ganz in der Nähe.«

»Ehrenwort?«, fragte Finn.

Joanna hob die Hand zum Schwur. »Eine halbe Stunde bei dem Modedesigner. Danach Stadtrundfahrt. Okay?«

»Na gut!« Finn schlug ein.

»Schön. Also, sein Laden ist hier!« Joanna zeigte auf eine kleine Pariskarte. »Gleich neben den Champs-Elysées.«

»Champs-Elysées?«, wiederholte Finn. »Da ist doch der Triumphbogen, das Ziel der Tour de France. Ich hab zwei in der Klasse, die gucken das immer. Ich muss ein Foto machen und ihnen schicken.«

»Von mir aus«, stimmte Joanna zu, die sich nichts aus der Tour de France machte, auch wenn es das wichtigste Profiradrennen der Welt war.

Finn verdrückte sein letztes Stück Baguette. Joanna zahlte, dann machten sich die beiden auf den Weg bis zur Metrostation Franklin D. Roosevelt. Direkt an der berühmten Avenue Montaigne kamen sie heraus und standen vor einem palastähnlichen Gebäude, auf dem gleich mehrere Schriftzüge verkündeten, wer hier Herr im Hause war: GUCCI.

»Wow!«, stieß Joanna beeindruckt aus. »Das geht ja gut los. Mit einer der berühmtesten Modefirmen der Welt. In dieser Straße haben alle Marken, die man kennt, ihre Geschäfte.«

»Ich kenne überhaupt keine Modemarke!«, bekannte Finn.

»So?«, lachte Joanna. »Nike, nie gehört?«

»Sportmarken sind auch hier?«, wunderte sich Finn.

»Die großen Modemarken machen alles: vom Abendkleid bis zu Sportklamotten. Selbst die berühmtesten Rapper kaufen bei Gucci, Prada, Versace, Chanel, Dior und so weiter. Und alle diese Marken sind hier!«

Nun zeigte sich auch Finn beeindruckt. Zumindest ein wenig.

»Aber das hier ist doch kein Geschäft, oder? Sieht eher aus wie eine riesige Villa. Wohnt hier Herr Gucci?«

Joanna lachte wieder.

»Gibt es den gar nicht?«, fragte Finn unsicher.

»Doch«, erklärte ihm Joanna. »Aber er war Italiener und gründete sein Geschäft in Florenz, nicht in Paris. Und er starb schon 1953. Heute gehört Gucci irgendwelchen großen internationalen Konzernen. Das hier ist wirklich einfach nur ein Bekleidungsgeschäft. Wie C&A oder H&M, nur teurer.«

»Sieht aber wirklich ganz anders aus. Wie ein echter Palast!«

Aber nun sah Finn, dass man durch die hohen Wohnfenster tatsächlich in einen Laden hineinschauen konnte.

»Vielleicht gehen wir nachher mal rein«, überlegte Joanna laut. »Aber jetzt müssen wir weiter.«

Sie ging um die Ecke und bog in die berühmte Modestraße ein. Joanna hatte nicht zu viel versprochen. Ein palastähnliches Gebäude reihte sich an das nächste. Und jedes gehörte einer berühmten Modemarke.

Finn tippte seine Schwester an. »Ich glaube, da kommen wir nicht einfach so rein. Sieh mal.«

Er zeigte auf eines der großen Schaufenster, in dem nichts weiter als drei kleine Handtäschchen ausgestellt waren. Direkt dahinter, im Laden, stand breitbeinig ein Mann in einem dunklen Anzug, mit weißem Hemd und Knopf im Ohr. Es sah so aus, als würde er nur die drei Täschchen bewachen. Jedenfalls ließ er sie nicht aus den Augen. Grund genug für Joanna, nun erst recht zu dem Schaufenster zu gehen. Finn folgte ihr zögerlich.

Während Joanna den Mann direkt ansah und ihm freundlich zulächelte, betrachtete Finn die kleinen Schildchen, die vor den Täschchen aufgebaut waren.

»Ist das der Preis oder die Bestellnummer?«, fragte er.

»Der Preis«, antwortete Joanna und winkte dem Security-Mann zu. Der rührte sich nicht und verzog keine Miene.

»4500 Euro für eine Handtasche?«, fragte Finn ungläubig.

»Ja«, sagte Joanna. »Im Fenster haben sie sicher nur die Sonderangebote. Drinnen ist es bestimmt teurer.«

»Noch teurer?«, quiekte Finn auf.

In dem Moment hielt eine große schwarze Limousine vor dem Eingang, obwohl überhaupt kein Parkplatz frei war. Einfach so auf der Straße. Der Fahrer stieg aus und öffnete die hintere linke Tür. Eine Frau mittleren Alters kam heraus und dankte dem Fahrer auf Russisch. Hinter ihr krabbelte ein Mädchen aus dem Wagen, etwa in Finns Alter.

Sofort eilte der Security-Mann hinaus auf die Straße, um Mutter und Tochter zu empfangen und in den Laden zu begleiten.

Das Mädchen trug eine Handtasche, die ganz ähnlich aussah wie die im Schaufenster.

Die Blicke der beiden Mädchen trafen sich. Joanna zeigte ein kurzes Lächeln. Das russische Mädchen schaute betont weg und trottete dem Security-Mann hinterher. An der Tür tauchte eine Frau in einem dunklen, feinen Kostüm auf, die auf einem silbernen Tablett einen rötlichen Sekt und einen Orangensaft für die Kundinnen bereithielt. Die beiden nahmen die Gläser so achtlos vom Tablett wie Finn in der Schule seinen Kakaobecher aus dem Automaten. Dann schloss sich die Tür hinter ihnen.

»Sag jetzt nicht, das Mädel bekommt eine der Taschen da«, hauchte Finn.

Joanna grinste. »Vielleicht braucht Töchterchen einen neuen Schulranzen für 10.000 Euro. Wobei ich nicht glaube, dass die eine Schule besucht. Sie hat bestimmt einen Privatlehrer.«

»Wenn ich erst mal ein berühmter Fußballer bin, dann werde ich auch so im Laden begrüßt, wenn ich mir eine neue Unterhose kaufe«, behauptete Finn.

»Sicher!«, lachte Joanna. »Dazu müsstest du aber zuerst mal in einen Fußballverein eintreten!«

Sie gingen weiter auf der Suche nach der Seitenstraße, in der der junge Modedesigner seinen Laden hatte.

Plötzlich blieb Finn stehen und zeigte nach vorn: »Schau mal, das Haus!«

Auch Joanna war beeindruckt von dem prunkvollen Gebäude, an dem über jedem Fenster mit Balkon eine rote Markise ausgerollt war.

»Wer wohnt da denn?«, fragte Finn.

»Das ist ein Luxushotel. Hôtel Plaza Athénée«, las Joanna vom Schild ab.

»Und dort drüben …«, sie drehte sich um und zeigte auf die andere Straßenseite, »… ganz oben unterm Dach hat Marlene Dietrich gewohnt.«

»Deine Mathelehrerin?«, staunte Finn.

Joanna wischte die Frage mit einer Handbewegung beiseite. »Quatsch, die heißt Claudia und Dittrich mit zwei t. Marlene Dietrich war eine superberühmte deutsche Schauspielerin in Hollywood, verstehst du? Fast so berühmt wie Marilyn Monroe oder Charlie Chaplin.«

»Den kenne ich!«, freute sich Finn. »Aber wenn es eine Deutsche war, die in Hollywood gearbeitet hat, wieso hat sie denn hier in Paris gewohnt?«

»Nachdem sie ihre Karriere beendet hatte, ist sie hierhergezogen und hat bis zu ihrem Tod ihre Wohnung nicht mehr verlassen. Weil niemand sehen sollte, wie sie aussieht, wenn sie alt ist.«

Finn schraubte sich den Zeigefinger gegen die Stirn. »Wie bescheuert ist das denn?«

Joanna zog die Schultern hoch. »Tja, so macht man sich selbst zur Legende.«

Endlich erreichten sie die gesuchte Seitenstraße.

»Du hast recht«, meinte Joanna. »Es ist gar nicht so leicht, in den Laden reinzukommen!«

Das Geschäft des Modedesigners lag zwar in einer kleinen Seitenstraße, aber gleich zu Beginn, in direkter Nachbarschaft zu den Geschäften der großen Marken. So leistete sich auch der noch unbekannte Modemacher einen Wachdienst.

Joanna ließ sich davon nicht beirren. Forsch ging sie auf die Eingangstür zu und wollte sie gerade öffnen.

Da war der Hüne von Sicherheitsmann bereits an der Tür, öffnete sie halb und fragte Joanna auf Französisch, was sie hier wolle.

»Bonjour!«, grüßte Joanna ihn freundlich. Und antwortete wie selbstverständlich auf Deutsch: »Unser Taxi hat uns zu früh hier abgesetzt. Meine Mutter kommt gleich. Darf ich hier warten? Und entschuldigen Sie den Aufzug meines kleinen Bruders. Aber deshalb wollen wir ihn ja auch neu einkleiden.«

Was? Wie? Finn fiel vor lauter Empörung nicht ein, was er hätte sagen sollen. Seine Schwester hatte es mal wieder geschafft, ihn als Deppen darzustellen! Der Wachmann schaute Joanna nur hilflos an. Er verstand kein Deutsch.

»Do you speak English?«, fragte er unsicher mit französischem Akzent.

Joanna nickte, sagte »Yes!«, wiederholte ihr Anliegen aber nicht.

»Äh«, stotterte der Mann etwas ratlos. Schließlich fragte er noch mal, was Joanna und der Junge hier wollten.

Joanna wiederholte ihre Geschichte auf Englisch. Allerdings sprach sie fehlerhaft, was selbst Finn auffiel, und so schnell, dass der Wachmann größte Mühe hatte, sie zu verstehen.

»Please, wait a moment«, bat der Wachmann.

»Oh, merci!«, antwortete Joanna. Denn genau das war es ja, worum sie gebeten hatte. Und setzte sich gleich keck in einen der schicken weichen Sessel, die an der Seite standen.

Der Wachmann wollte sie erst davon abhalten, dann ließ er sie gewähren und rief irgendjemanden über sein Miniaturmikrofon, das an seinem Sakkokragen steckte.

»May I have a glass of orange juice?«, bat Joanna mit einer Selbstverständlichkeit, dass der Wachmann tatsächlich nichts einzuwenden hatte. Allerdings war er dafür nicht zuständig.

Schon stand eine Empfangsdame bereit. Sie konnte sich offenbar ebenso wenig wie der Wachmann vorstellen, dass zwei Kinder wie selbstverständlich ihren Laden betraten, wenn sie nicht auf ihre Eltern warten würden. Entsprechend freundlich wurden sie von der Dame begrüßt. Joanna wiederholte ihren Wunsch nach Orangensaft – und wurde prompt bedient. Die Empfangsdame entschuldigte sich für einen kleinen Moment, huschte nach hinten und war in Windeseile zurück. Mit zwei Gläsern frisch gepresstem Orangensaft, die sie auf einem Silbertablett servierte.

Finn freute sich über die Eiswürfel, die in dem Saft schwammen, und trank sein Glas fast in einem Zug leer, weil er wirklich Durst hatte. Erst als er das Glas wieder absetzte, sah er, dass Joanna sich vornehmer gab und nur ein wenig an dem Glas nippte. Dann bekundete sie in Englisch Interesse an einer Pelzmütze.

›Pelzmütze?‹, wunderte sich Finn. Sie hatten Frühsommer. In den Schaufenstern der Läden wurden neben Handtaschen Bademoden präsentiert! Doch dann erinnerte er sich, dass auf der Modenschau zu Bikinis und Badeanzügen einzelne Accessoires aus Fell präsentiert worden waren. Vielleicht wollte Joanna prüfen, ob es so etwas hier auch gab.

Die Dame lächelte freundlich, sagte etwas auf Französisch und huschte erneut nach hinten. Diesmal blieb sie etwas länger fort. Eine günstige Gelegenheit für Finn und Joanna. Denn der Wachmann achtete nicht mehr auf die Kinder. Er hatte sich wieder vor der Schaufensterscheibe aufgebaut und stierte hinaus.

Joanna erhob sich von ihrem Sessel und begann sich ein wenig im Geschäft umzusehen. Finn fragte sich, was seine Schwester hier entdecken wollte. Nach seinem Empfinden war der Laden leer. Es gab nur die zwei Sessel, dazwischen einen Tisch, einen leeren Tresen, zwei Schaufensterpuppen, die je ein Kleid trugen, zwei Regale, auf denen insgesamt fünf Handtaschen postiert waren, und ein weiteres Regal mit einem einzelnen Paar Schuhe. Das war's!

Finn fragte sich gerade, wovon der Modedesigner eigentlich lebte. Da sah er, wie Joanna ihr Smartphone hervorholte und einen Zettel, der auf dem Tresen lag, abfotografierte. Schnell schaute sich Finn zu dem Wachmann um, doch der blickte immer noch hinaus auf die Straße.

Joanna zwinkerte Finn verschwörerisch zu. Offenbar hatte sie auf dem Zettel etwas Interessantes entdeckt. Da von der Dame noch nichts zu sehen war, beugte sich Joanna zum Papierkorb neben dem Tresen hinunter, um ihn zu durchsuchen.

Wie ein Vögelchen, das in einer leeren Futterschale noch ein Körnchen fand, pickte Joanna ein Papierschnipselchen aus dem Abfalleimer. Erneut zwinkerte sie Finn zu, huschte zu dem Sessel hinüber und setzte sich wieder. Gerade rechtzeitig. Denn in dem Moment kam die Verkäuferin mit einem silbernen Wägelchen vorgefahren, auf dem fünf Pelzmützen, ausgestellt wie Trophäen, lagen.

Joanna sprang auf und täuschte völlige Entzückung vor. Sie fragte, ob sie ein Foto machen dürfte für ihre Mama. Die hätte ihr gerade eine Nachricht geschickt, dass sie sich verspäten würde und dass die Kinder erst einmal um die Ecke ein Eis essen gehen sollten.

Die Verkäuferin war verwirrt. Die beiden Kinder wollten das Geschäft verlassen und alleine, ohne Nanny oder Bodyguard, auf die Straße gehen, um sich an einem normalen Kiosk ein Eis zu kaufen?

Bevor die Verkäuferin weitere Fragen stellen konnte, verabschiedete sich Joanna betont freundlich, rief laut »Au revoir« und »À bientôt!«, und zack – war sie schon draußen. Finn kam fast nicht hinterher.

»Was hast du denn gefunden?«, fragte er, nachdem sie ein paar Meter gelaufen waren.

Joanna zeigte ihm zuerst das Foto auf dem Smartphone, das sie von dem Zettel auf dem Tresen gemacht hatte. Er war mit »Ordre« überschrieben.

»Ist das ein Tippfehler?«, fragte Finn.

»Nein!«, antwortete Joanna. »Ich nehme an, das heißt so etwas wie *Order*, also *Bestellung* oder *Auftrag*.« Schnell schaute sie im Wörterbuch ihres Smartphones nach. »Richtig! Das heißt, mit diesem Zettel bestellen die etwas.«

Finn erkannte allerdings immer noch nicht, was daran verdächtig sein sollte. Dass ein Geschäft Ware bestellte, war doch völlig normal.

»Es kommt eben auf die Ware an«, sagte Joanna und vergrößerte den Schriftzug.

»Tigre«, las Finn laut vor. »Und léopard des neiges.«

»Das spricht man zwar so nicht aus«, kommentierte Joanna, »aber du hast schon recht: Tiger und Schneeleopard heißt das. Und da wir ja gerade nicht im Zoo waren, sondern in einer Boutique, kann es sich ja wohl nur um Felle handeln.«

Joanna tippte eifrig auf ihrem Smartphone herum, bis sie gefunden hatte, was sie suchte. »Hier: eine Information des Naturschutzbundes NABU.«

Obwohl das Töten von Schneeleoparden und der Handel mit ihren Körperteilen in den meisten Ländern bereits seit den 1970er-Jahren streng verboten sind, stellen die Wilderei und der illegale Handel noch immer eine ernste Bedrohung für die Tiere dar. Gefangen werden die Tiere mit Eisenfallen sowie vergifteten Ködern, die an bestimmten Stellen

ausgelegt werden. Die Tiere treten in das
mit Erde und Zweigen verborgene Tret-
eisen. Schnappt die Falle zu, steckt das
dann meist gebrochene Bein der Tiere
felsenfest in der Eisenvorrichtung, oft
tagelang – bis der Wilderer zurückkehrt.
Viele Schneeleoparden sterben auch in
Fallen oder an vergifteten Ködern, die
für Wölfe oder Bären ausgelegt werden.

»Uäh!«, machte Finn. »Eisenfalle. Ist ja eklig.«

»Allerdings!«, stimmte Joanna ihm zu. Dann suchte sie das
Foto heraus, dass sie von den Mützen auf dem Wägelchen gemacht hatte, und zeigte mit dem Finger auf eine besonders flau-
schig aussehende: »Und wenn du mich fragst, ist diese Mütze
hier aus Schneeleopardenfell!«

»Moment mal!« Finn kramte auch sein Smartphone hervor
und zeigte Joanna ebenfalls ein Foto. »Schneeleopard, oder?«

Joanna staunte. Auf dem Bild waren die Models von der Modenschau zu sehen, die sie besucht hatten.

»Ich dachte, du hast die Bilder gelöscht?«, fragte Joanna.

»Hab ich auch«, beteuerte Finn. »Sogar vor den Augen des Se-
curity-Mannes. Nur aus dem elektronischen Papierkorb nicht.
Und von dort kann man sie jederzeit wieder hervorholen.«

»Also, du bist ja einer!« Aus Joannas Stimme war nicht genau
herauszuhören, ob sie es vorwurfsvoll oder anerkennend meinte.

»Ich bin doch nicht blöd. Die Jungs aus meiner Klasse finden
die Fotos jedenfalls super!«

Jetzt verzog Joanna das Gesicht. »Als Beweisstücke für unseren
Kriminalfall sind die Bilder ja okay«, räumte sie ein. »Aber dass
ihr Jungs den Models darauf nachgiert, also wirklich, Finn …!«

»Moment, Moment!«, unterbrach Finn. »Was denn bitte schön für ein Kriminalfall?«

Er hatte es geahnt: Joanna witterte in ihren Beobachtungen und in dem merkwürdigen Verhalten von Lilou bereits wieder ein Verbrechen!

Joanna machte die Antwort kurz: »Was denn sonst? Schneeleoparden sind vom Aussterben bedroht. Die meisten Felle kommen von illegalen Wilderern!«

»Aber was haben wir damit zu tun? Willst du jetzt allein gegen den weltweiten Tierhandel vorgehen?«

Joanna zeigte statt einer Antwort einfach nur auf das Bild auf Finns Smartphone: »Der Bikini hier ist doch eindeutig aus Schneeleopardenfell, oder?«

Finn nickte. »Das sieht ganz danach aus. Aber es war eine öffentliche, offizielle Modenschau! Also wohl kaum illegal.«

»Aber trotzdem kriminell, wenn dafür die letzten Schneeleoparden getötet wurden«, beharrte Joanna.

Finn seufzte. »Also schön. Angenommen, wir könnten jetzt tatsächlich noch etwas für die Rettung der letzten Schneeleoparden weltweit tun. Was schlägst du vor?«

»So gefällst du mir schon besser, Bruderherz.« Joanna holte ihre zweite Fundsache hervor: das Papierschnipselchen. »Schau mal, hier steht ›Animalerie …‹.« Joanna gab die Begriffe in ihr Smartphone-Wörterbuch ein. »Das ist der Schriftzug einer Pariser Zoohandlung!« Joanna schaute gleich im Internet nach, wo sich das Geschäft befand. »Und dass ihr Name auf einem Zettel in seinem Geschäft auftaucht, kann doch nur eins bedeuten …«

Finn versuchte, so wenig Interesse wie möglich zu zeigen, was ihm allerdings nicht gelang.

»Die Zoohandlung arbeitet für den Modemacher. Na, dämmert's?«

Doch bei Finn dämmerte nichts, außer dass sie auch diesen schönen Tag nicht wie ganz normale Touristen würden genießen können.

»Aber wir wollten doch eine Stadtrundfahrt machen. Und außerdem: Du glaubst doch nicht im Ernst, dass der Modemacher seine Pelze in einer Zoohandlung kauft!«

»Ich glaube, dass es kein Zufall ist, dass wir diesen Schnipsel in seinem Papierkorb gefunden haben und der Laden genau neben seinem Modeatelier liegt. Also los!«, antwortete ihm Joanna.

»Also los?«, fragte Finn. »Was hast du vor?«

»Was wohl, wir fahren jetzt zu dem Zoohändler!«

Ein merkwürdiger Zoohändler

Um zur Zoohandlung zu kommen, mussten Joanna und Finn zur Place de la République fahren. Dort wollten sie sich eigentlich sowieso noch das Monument mit den Blumen anschauen, die zum Gedenken an die Opfer der Terroranschläge niedergelegt worden waren.

Jetzt aber hatten sie keine Zeit. Also gingen sie gleich weiter, die Rue du Faubourg du Temple entlang bis zum Canal Saint-Martin. Dort bogen sie links ab, um die kleine Straße nordwärts direkt am Kanal entlangzugehen.

Sie hatten sofort das Gefühl, in einer anderen Stadt zu sein. Hier sah es gar nicht mehr aus wie in Paris, sondern eher wie in Amsterdam. Auf Höhe der Wasseroberfläche konnte man kilometerlang am Kanal entlanggehen, nur wenige Meter von den Ausflugsbooten entfernt. Die fuhren gemütlich im Zeitlupentempo, denn sie mussten eh alle hundert Meter an einer Schleuse oder Fußgängerbrücke halten. Jedenfalls waren Finn und Joanna zu Fuß deutlich schneller als die Schiffe. Links und rechts vom Kanal gab es je eine kleine Einbahnstraße, auf denen nur wenige Autos fuhren. Die Straßen waren gesäumt von kleinen Cafés und Geschäften.

Nach einer guten Viertelstunde Fußweg erreichten sie ihr Ziel. Vor der Zoohandlung hielt Finn Joanna zurück.

»Was willst du dem Zoohändler denn sagen? Und wonach suchen wir überhaupt? Mehr als diesen Papierschnipsel und einen vagen Verdacht haben wir doch nicht.«

Finn hatte recht, musste Joanna zugeben: Irgendwelche Hinweise waren kaum in den Vogelkäfigen oder Aquarien versteckt. Und einfach hineingehen und fragen: »Entschuldigung, handeln Sie zufällig mit Tierfellen?« – Das ging ja wohl erst recht nicht.

»Wir machen es so wie bei dem Türsteher des Modemachers: hineingehen und den Besitzer auf Deutsch vollquatschen!«, schlug Joanna vor.

»Tolle Idee!«, kommentierte Finn und verzog die Mundwinkel. »Der versteht uns doch gar nicht.«

Joanna schnippte mit den Fingern und grinste. »Genau das ist der Clou an der Sache!« Und schon war sie an der Tür und betrat den Laden.

Das Geklimper eines Glockenspiels über dem Eingang signalisierte dem Verkäufer, dass jemand seinen Laden betreten hatte. Zwischen aufgestapelten Vogelkäfigen und Regalen mit Aquarien führte nur ein schmaler Gang direkt zum Verkaufstresen. An ihm musste man sich vorbeizwängen, wenn man in den hinteren Teil des Ladens vordringen wollte. Dort war vom Hundekörbchen über Katzenklos bis hin zu Bürsten, Futter, Näpfen, Käfigen, Leinen, Kissen und Spielzeug alles zu haben, was man zur Haustierhaltung so brauchte.

Der Verkäufer bot gerade einem frei laufenden Papagei, der über den Tresen watschelte, ein Schälchen mit Nüssen an. Der Mann schien Finn so um die vierzig Jahre alt zu sein. Er trug einen Sommerpullover, so braun wie seine Haare, der zahlreiche Löcher aufwies. Die hatte er wohl, so vermutete Finn, seinem Papagei zu verdanken.

Der Verkäufer betrachtete die beiden Kinder über eine schmale Lesebrille hinweg und begrüßte sie freundlich.

»Bonjour!«, grüßte Joanna zurück. Dann erzählte sie dem Verkäufer auf Deutsch, dass sie und Finn sich sehr für Tiere interessierten und auf jeder Reise immer auch die Zoohandlungen besuchten …

»Wie nett!«, antwortete der Verkäufer, ebenfalls auf Deutsch.

›Ach du Scheiße!‹, dachte Finn. Was wurde nun aus Joannas Plan?

Joanna begann zu stottern. Aber dann hatte sie sich wieder gefangen und ging in die Offensive.

»Zeig dem Herrn doch mal die Fotos von der Modenschau!«, forderte sie Finn auf.

Was sollte das nun wieder? Aber jetzt war nicht der Zeitpunkt nachzufragen. Und so zeigte Finn dem Zoohändler die wenigen Fotos, die er gemacht hatte.

»Wir haben uns gestritten«, schwindelte Joanna dem Mann vor. »Ich sage, der Bikini der Frau hier ist aus dem Fell eines Schneeleoparden gemacht. Mein Bruder meint, das wäre Fuchsfell. Sie als Fachmann, was meinen Sie?«

Der Zoohändler schaute nur für einen kurzen Moment verdutzt. Dann hatte er sein Lächeln zurückgewonnen und antwortete: »Isch bin keine Fachmann für Haute Couture, aber sie …«« Er tippte aufs Display. »… trägt nur künstliche Fell.«

»Künstlich?« Joanna und Finn staunten sich an.

Sollten sie auf eine völlig falsche Fährte gestoßen sein? War das, was Lilou und Jean sagten, alles nur Blödsinn? Hier ging es gar nicht um Pelze, sondern um Kunstfelle?

»Sind Sie sicher?«, fragte Joanna nach.

»Ganz sicher!«, behauptete der Zoohändler. »Denn diese Mädchen ist meine Tochter! Catherine.«

»WAS?« Mit allem hatte Joanna gerechnet, aber gewiss nicht damit.

Der Zoohändler nickte den beiden Kindern milde zu. »Catherine niemals würde tragen echte Pelz, comprenez-vous?«

»Oui!«, sagte Joanna leise. »Je comprends! Das ... äh ... hätten wir nicht gedacht.«

Im nächsten Moment aber besann sie sich. »Na, dann lagen wir wohl beide falsch«, sagte sie betont fröhlich. »Aber ... äh ... welches Tier soll der Kunstpelz denn darstellen?«

»Léopard des neiges«, antwortete der Zoohändler. »Wie sagt ihr: Snö...löo...?«

»Schneeleopard!«, erklärte Joanna. »Und vielen Dank noch mal. Einen schönen Laden haben Sie. Au revoir!«

»Au revoir!«, sagte der Zoohändler.

Draußen vor der Tür war Finn eigentlich erleichtert, dass ihre kriminalistische Spur ins Nichts geführt hatte. Vielleicht konnten sie sich jetzt endlich der Stadt widmen.

»Das war ja wohl ein Schuss in den Ofen«, kommentierte er.

»Wieso?«, fragte Joanna. »Ganz im Gegenteil. Du glaubst dem doch kein Wort, oder? Das, was die Models trugen, war niemals Kunstfell! Du hast die Mützen in dem Laden doch gesehen. Der Modedesigner arbeitet mit echten Pelzen!«

»Und wieso hat der Zoohändler uns dann angelogen?«, wandte Finn ein.

Joanna tippte ihm mit dem Zeigefinger gegen die Brust.

»Das genau ist die Frage, mein Lieber«, antwortete Joanna kampfeslustig. »Ich bin gespannt, was Jean und Lilou dazu sagen werden.«

»Aber die sind doch heute bei dieser Aktion«, sagte Finn. »Und wir wissen nicht einmal, wo sie stattfinden soll.«

»Doch«, hakte Joanna ein. »Erinnerst du dich noch an den Eintrag in Lilous Kalender? AvMo! Das ist zwar nur ein Kürzel. Aber das kann doch nur bedeuten: Avenue Montaigne. Also die Straße mit den ganzen Modegeschäften.«

»Ach ja?«, hakte Finn mit skeptischem Blick nach. »Und hast du auch die Straße selbst noch in Erinnerung?«

»Natürlich!«, versicherte Joanna ihm.

»Lauter edle Läden aneinandergereiht«, sagte Finn. »Ich denke, Lilou und Jean wollen Tiere befreien. Wo sollen denn in der Avenue Montaigne Tiere versteckt sein? Wir suchen doch eine illegale Tierzucht oder Tierfarm. So eine Farm macht doch einen Höllenlärm und es stinkt nach Tier. Das gibt es doch nie und nimmer in der Avenue Montaigne!«

Joanna wurde blass. Verdammt, ihr Bruder hatte recht! »Aber was soll AvMo denn anderes heißen? Das *muss* die Straße sein!«

Finn dachte nach. »Vielleicht liegst du gar nicht so falsch. Was, wenn Lilou und ihre Freunde gar keine Tiere befreien wollten? Das hast du behauptet. Lilou hat dir zwar nicht widersprochen, aber bestätigt hat sie es auch nie. Sie hat nur gesagt, dass wir nicht dabei sein sollen.«

Joanna zog die Stirn kraus und kaute nachdenklich auf der Unterlippe. »Aber was sollen die denn sonst vorhaben, mitten in der Nacht in dieser Straße?«

Finn zog die Schultern hoch. Dazu hatte er auch keine Idee.

»Es hilft alles nichts«, sagte Joanna entschlossen. »Wir müssen hingehen.«

Finn hatte es geahnt. »Mitten in der Nacht? Wie sollen wir das denn Papa erklären? Der erlaubt uns das doch auf gar keinen Fall.«

»Wir sagen die Wahrheit!«, entschied Joanna zu Finns großer Verblüffung. »Wenn auch nicht die ganze. Wir sagen, wir übernachten mit Lilou bei ihrem Bruder Jean, weil wir gleich am Morgen etwas zusammen machen wollen.«

Jean, so hatten sie mittlerweile erfahren, war zwei Jahre älter als Lilou. Und die gemeinsame Mutter, bei der er wohnte, war zurzeit gar nicht in Paris, sodass Jean sturmfreie Bude hatte. Vielleicht war sogar deshalb dieser Zeitpunkt für die Aktion ausgewählt worden. Denn auch Lilou musste ihrem Vater ja sagen, wo sie in der Nacht bliebe. Joanna konnte sich nur vorstellen, dass Lilou dieselbe Ausrede benutzte, wie sie selbst es gerade vorgeschlagen hatte.

Finn verzog das Gesicht.

»Wohl fühle ich mich dabei nicht«, gestand er. »Wir können ja nicht wirklich bei Jean übernachten. Wo sollen wir denn heute Nacht bleiben? Ins Hotel zurückkehren geht ja schlecht, wenn wir Papa vorher etwas anderes erzählen.«

Doch davon wollte Joanna jetzt nichts wissen. »Das findet sich!«, behauptete sie. »Erst mal müssen wir herausbekommen, was diese ganzen geheimnisvollen Dinge miteinander zu tun haben. Ich sag dir, wir sind da einer heißen Sache auf der Spur!«

»Mann, wir sind hier doch nicht die Pariser Polizei«, beschwerte sich Finn.

»Soll das heißen, du machst nicht mit?«, fragte Joanna. »Kein Problem, dann bleibst du im Hotel im Bett und ich gehe allein los!«

Das wollte Finn natürlich auch wieder nicht. Und so machten sie es so, wie Joanna vorgeschlagen hatte. Ihr Vater hatte keine Einwände, dass die beiden bei Lilous Bruder übernachten wollten. Zum Glück fragte er auch nicht näher nach. Offensichtlich war auf dem Künstlerkongress irgendetwas vorgefallen, was ihn sehr beschäftigte. So versuchten Finn und Joanna weiter von ihrem Vorhaben abzulenken und erzählten von der Straße der Mode, dem Kanal und den Ausflugsdampfern im Schritttempo.

»Und«, fragte ihr Vater, »wann wollt ihr euch Notre Dame angucken?«

»Notre Dame?«, fragte Finn.

»Das ist die weltberühmte Kathedrale auf einer der zwei Seine-Inseln, der Île de la Cité«, half Joanna ihm auf die Sprünge.

»Och«, druckste Finn herum. »Kirchen finde ich ziemlich langweilig.«

»Kann ich verstehen«, gab sein Vater zu. »Aber den Schauplatz von *Der Glöckner von Notre Dame* sollte man gesehen haben, wenn man schon mal in Paris ist.«

»Ist das nicht ein Film?«, fragte Finn.

»Ja, auch«, antwortete sein Vater. »Es gibt sogar mehrere Filme, die so heißen. Sie alle beruhen auf einem absoluten Literaturklassiker. Einem historischen Roman von Victor Hugo aus dem Jahre 1831. In ihm spielt der verunstaltete Glöckner Quasimodo eine Hauptrolle. Aber mal abgesehen davon ist das gesamte Gebäude ziemlich beeindruckend.«

»Okay«, sagte Finn. »Das gucken wir uns morgen vielleicht an. Wir wollen aber erst mal eine Stadtrundfahrt mit dem Bus machen.«

Finn schaute hinüber zu seiner Schwester, die ihm die Stadtrundfahrt für den heutigen Tag versprochen, aber ihr Wort nicht gehalten hatte.

»Ja«, sagte Joanna schnell und nickte ihrem Vater zu. »Machen wir.«

Um 20 Uhr waren sie mit dem Abendessen fertig.

»Zeit für euch, zu Lilou und Jean aufzubrechen«, meinte ihr Vater. Er zog seine Geldbörse hervor, um das Essen im Restaurant zu bezahlen. Aber auch, um den Kindern Geld für das Taxi zu geben, das er mit der Rechnung bestellt hatte.

Joanna und Finn tauschten verschwörerische Blicke. Denn natürlich hatten sie nicht vor, mit dem Taxi zu Jean zu fahren. Sie wussten nicht mal, wo der wohnte. Aber sie spielten das Spiel mit und stiegen in das Taxi ein. Ziel: Avenue Montaigne.

Dramatische Nachtaktion

Es war neun Uhr abends, als sie in der Avenue Montaigne ankamen. Da sie viel Zeit hatten bis Mitternacht, machten sie noch mal einen Abstecher zu den Champs-Elysées. Eine Dreiviertelstunde später würden die Prachtstraße und der Triumphbogen an deren Ende romantisch beleuchtet sein. Doch jetzt, Anfang Juni, war es noch hell. Die Sonne ging erst um zehn vor zehn unter.

»Und was machen wir nun so lange bis Mitternacht?«, fragte Finn.

Joanna wusste es auch nicht. Erst einmal schlenderten sie gemütlich zurück zur Avenue Montaigne. Während Finn auf seinem Smartphone nachsah, ob es nicht in der Nähe etwas Interessantes anzuschauen gab, bog ein großer Lkw in die Straße ein. Er blieb nur knapp hundert Meter von ihnen entfernt mitten auf der Straße neben den parkenden Autos stehen. Der Fahrer stieg aus und steckte sich eine Zigarette an.

»Ein seltsamer Platz, seinen Lkw zu parken und eine Pause einzulegen, oder?«, fragte Finn.

»Und eine seltsame Uhrzeit«, antwortete Joanna. »Die Geschäfte haben doch alle geschlossen. Wen will der denn jetzt beliefern?«

Die beiden beschlossen zu beobachten, was weiter geschah.

Doch zunächst passierte – nichts. Der Lkw-Fahrer rauchte in Ruhe seine Zigarette zu Ende, warf die Kippe an den Straßenrand, trat sie aus, griff dann zu seinem Handy und rief jemanden an. Danach schien er zu warten.

Und tatsächlich. Ein paar Minuten später kamen einige Männer mit Hubwagen dazu, wie Joanna und Finn sie nur aus Supermärkten kannten.

Nun öffnete der Lkw-Fahrer die Heckklappe seines Fahrzeugs und ließ eine Laderampe herunterfahren. Die Männer stellten sich darauf und fuhren wie mit einem Aufzug auf die Ladefläche des Lastwagens. Dort holte sich jeder eine Europalette, auf denen einige Kisten gestapelt waren, bevor die hydraulische Laderampe sie wieder auf der Straße absetzte. Die Männer verschwanden mit ihren Hubwagen in die Richtung, aus der sie gekommen waren. Der Lkw-Fahrer bestieg die Fahrerkabine und fuhr davon.

»Was war das denn?«, fragte Finn. »Die laden ab, obwohl alle Läden geschlossen haben? Wo die wohl hinwollen?«

»Lass uns hinterhergehen«, schlug Joanna vor. »Wir haben doch noch Zeit.«

Also folgten sie den Lagerarbeitern möglichst unauffällig. Irgendwann bogen diese in eine kleine Querstraße ein. Finn und Joanna beeilten sich, ihnen hinterherzukommen. Aber als sie ebenfalls in die Seitenstraße bogen, waren die Arbeiter verschwunden.

Joanna hatte denselben Gedanken wie Finn: »In dieser Straße ist doch das Geschäft dieses jungen Modedesigners! Wollen die etwa zu dem?«

»Aber wieso ist dann der Lkw nicht direkt vor seine Tür gefahren? Mit diesen Hubwagen zu Fuß zu gehen ist doch viel anstrengender!«, sagte Finn.

»Aber unauffälliger«, ergänzte Joanna.

»Ob die Tiere in diesen Kisten waren?«, fragte Finn. Das konnte er sich einfach nicht vorstellen. Und auch Joanna glaubte nicht daran.

»Das waren gar keine Kisten, glaube ich«, erklärte sie. »Das waren doch eher Kartons, oder? Meinst du, die würden Tiere in Kartons anliefern?«

»Und wenn …« Finn mochte seinen Gedanken kaum aussprechen. »Und wenn die Tiere in den Kartons schon tot sind?«

Joanna erschrak erst, winkte dann aber ab. »Nein, nein!«, entschied sie. »Wenn, dann sind es nur die Felle, die jetzt angeliefert werden. Zur Weiterverarbeitung.«

Finn verzog das Gesicht. »Dann ist es für die Tiere erst recht zu spät.«

Joanna nickte. »Da hast du recht. Und dann kommt auch Lilous Befreiungsaktion zu spät.«

Finn schwieg bedrückt.

»Dass Felle zum Modedesigner geliefert werden, ergibt Sinn«, fuhr Joanna fort. »Er kann sie zu Kleidung verarbeiten und verkaufen. Jean und Lilou glauben doch nicht ernsthaft, dass hier nachts lebendige Tiere angeliefert werden. Die wissen von dieser Felllieferung!«

Finn tippte sich an die Stirn. »Aber wie soll man denn Felle befreien? Das ist doch totaler Quatsch!«

»Stimmt!«, musste Joanna zugeben. »Aber wir werden ja bald wissen, was sie vorhaben.« Sie schaute auf die Uhr ihres Smartphones. »Gleich ist es zehn Uhr. Nur noch zwei Stunden.«

»Puh!«, stöhnte Finn. Er hatte keine Lust, so lange zu warten.

Aber das brauchte er auch nicht. Denn im nächsten Moment bog ein zweiter Lkw in die Seitenstraße ein und parkte direkt vor dem Eingang des Modegeschäfts.

Der Fahrer stieg aus, und Finn war sicher, dass auch dieser Fahrer jetzt wie der erste zunächst eine Zigarette rauchen und dann telefonieren würde. Doch er tat weder das eine noch das andere. Stattdessen schloss er einfach nur die Fahrertür ab und ging fort.

Joanna und Finn blieben verblüfft zurück.

»Hä?«, fragte Finn. »Und was nun?«

Joanna sah sich um, konnte aber nichts Ungewöhnliches entdecken.

»Da!«, rief Finn plötzlich, ohne irgendwohin zu zeigen.

»Wo? Was?«, fragte Joanna.

»War da nicht eben ein Schatten?«

Ein zweites Mal sah Joanna sich um. »Nein!« Sie schüttelte den Kopf. »Ich hab nichts bemerkt.«

»Da! Schon wieder!«, behauptete Finn. »Diesmal da vorn an der Hausecke!«

»Mensch, Finn! Hör auf damit! Da ist nichts.«

Doch Finn hörte nicht auf. »Da war etwas. Ich schwör's! Das huschte so schnell vorbei. Vielleicht war es auch nur ein Vogel oder ein Kaninchen.«

»Sieh dich mal um«, forderte Joanna. »In dieser Seitenstraße gibt es überhaupt kein Grün. Meinst du, die Kaninchen knabbern am Beton, oder wie?«

»Ist mir egal, woran die knabbern«, gab Finn zurück. »Ich hab erst dort einen Schatten gesehen, der huschte hinter den Mopeds entlang. Der andere war erst hinter den parkenden Autos und verschwand dann dorthin in den Hauseingang.«

»Pffft!«, machte Joanna. »Glaub ich nicht!«

Finn kannte seine Schwester. Er wusste, dass sie ihm sehr wohl glaubte, es aber bloß nicht zugeben wollte. Und dann stand plötzlich jemand hinter ihnen, der Joanna auf die Schulter tippte.

Joanna schrie auf vor Schreck, drehte sich zitternd um und sah ... »Lilou! Wo kommst du denn her?«

»Pssst!«, machte Lilou. Sie schaute Joanna und Finn böse an. »Dasselbe isch wollte eusch fragen. Was tut ihr 'ier?«

Joanna überhörte Lilous Frage. »Ich muss dir was erzählen. Finn und ich haben ...«

Weiter kam sie nicht. Lilou ging energisch dazwischen. »Stopp! Isch will nicht 'ören! Isch 'atte gesagt, ihr sollt nicht kommen!«

»Ja, aber!«, wollte Joanna erzählen.

»Nischt aber!« Lilou hob abwehrend die Hände. »Allez-vous-en! Verschwindet!«

Inzwischen beobachtete Finn, wie Jean von der anderen Straßenseite auf den Lkw zulief. Dabei zog er sich eine Motorradhaube übers Gesicht, sodass nur noch seine Augen zu sehen waren. Hinter ihm folgte ein Zweiter, der sich bereits maskiert hatte und eine Brechstange in der Hand hielt.

»Was haben die vor?«, fragte Finn.

»Das eusch geht nischts an«, sagte Lilou energisch. »Verschwindet. Schnell!«

Schon machten Jean und sein Kumpel sich an der Heckplatte des geparkten Lkws zu schaffen.

»Die ...«, stotterte Finn. »Die wollen den Laster aufbrechen!«

Lilou wurde nun wütend. »Verschwindet endlisch! Vite!« Sie schob Joanna und Finn fort.

»Merde!«, kam ein fürchterlicher Fluch aus dem Lkw heraus.

Und schon schrillte ein greller Pfiff durch die Straße.

»Merde!«, fluchte nun auch Lilou. »Police!«

»Was? Wie?« Joanna verstand kaum, was um sie herum geschah.

Doch Finn schaltete schneller. Bei dem Wort »Polizei« läuteten bei ihm alle Alarmglocken. Was, wenn sie gefasst würden und ihr Vater sie nachts auf der Polizeistation abholen musste? Dann würde ihre Mutter auch alles erfahren … »Weg!«, brüllte er seine Schwester an, packte sie am Arm, zog sie mit sich und rannte, so schnell er konnte.

Joanna, die noch immer nicht begriff, was passierte, vertraute ihrem Bruder instinktiv. Sie sauste hinter ihm her bis zu einem Hauseingang ein paar Meter weiter, der – Zufall oder nicht – offen stand. Sie versteckten sich darin und lugten vorsichtig nach draußen. Auf der Straße waren die Polizisten bereits zur Stelle. Sie packten Lilou, Jean und dessen Komplizen, warfen sie zu Boden und fesselten sie. Wenige Sekunden später wurden die drei abgeführt, in einen heraneilenden Polizeiwagen verfrachtet und davongefahren.

Verrat!

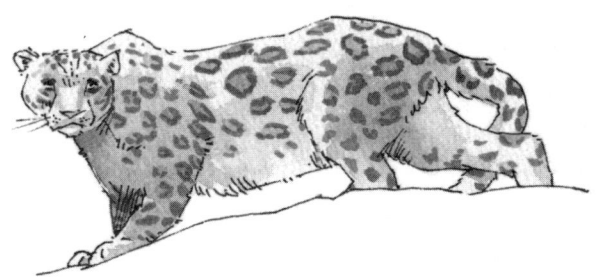

Finns Herz raste. So etwas hatte er noch nie erlebt. Polizeiverfolgungen kannte er nur aus Filmen. Doch diese hatte sich direkt vor seinen Augen abgespielt. Und beinahe wären er und seine Schwester gleich mitverhaftet worden.

»Das war knapp!« Finn schnaufte einmal tief durch. Am liebsten wäre er jetzt im sicheren Hotelzimmer, in seinem warmen Bett.

Auch Joanna atmete schwer und ihre Knie zitterten. »Scheiße!«, fluchte sie leise vor sich hin. Aber dann fiel ihr ein: »Oh nein! Papa!«

»Was ist mit ihm?«, fragte Finn.

»Jean und Lilou wurden festgenommen«, erklärte Joanna. »Das Erste, was die Polizei tut, ist deren Eltern zu informieren. Das heißt in diesem Fall, ihren Vater. Denn ihre Mutter ist ja verreist.«

Finn verstand. »Und das ist der Kumpel von Papa, dem er es sofort erzählen wird. Dann weiß Papa, dass wir nicht bei Jean übernachtet haben. Denn der war ja gar nicht zu Hause.«

»So sieht's aus!«, bestätigte Joanna ihn.

Einen Moment lang überlegten sie angestrengt, ob das Unheil, das sich über ihren Köpfen zusammenbraute, noch irgendwie abzuwenden war.

Joanna kaute nervös auf ihrer Unterlippe. Bis sie zu dem Schluss kam: »Wir müssen eine Geschichte erfinden.«

Finn verdrehte die Augen. »Schon wieder? Allmählich hab ich genug davon. Deine Geschichten-Erfinderei hat uns ja erst in diese Lage gebracht. Vielleicht sollten wir zur Abwechslung einfach mal die Wahrheit sagen!«

»Dafür ist es zu spät«, behauptete Joanna. »Auf jeden Fall müssen wir zurück ins Hotel, so schnell wie möglich. Und dann sagen wir, Jean und Lilou sind irgendwann abgehauen und wir wollten nicht allein in der Wohnung bleiben.«

»Na toll!«

Finn gefiel es gar nicht, ihre neugewonnenen Freunde mit reinzureißen, statt zu dem zu stehen, was sie getan hatten.

»Wir reißen sie nicht rein«, widersprach Joanna. »Wir verraten ja nicht mehr, als ihr Vater von der Polizei sowieso erfährt. Im Gegenteil: Wenn wir herausbekommen, was hier los war und wieso die Polizei von der Aktion wusste, dann können wir ihnen vielleicht sogar helfen. Wenn wir den illegalen Tierhandel aufdecken, dann bekommen Lilou und Jean bestimmt nur eine milde Strafe, weil sie sich ja für etwas Gutes eingesetzt haben!«

»Moment!«, unterbrach Finn sie. »Du willst ernsthaft weitermachen? Herumschnüffeln und uns in Gefahr bringen? Nach allem, was passiert ist?«

»Was denn sonst?« Joanna verstand Finns Einwand überhaupt nicht. »Das ist unsere einzige Chance!«

»Spinnst du?« Finn brüllte seine Schwester an. »Keine andere Chance? Natürlich haben wir eine andere Chance. Wir können ins Hotel zurückgehen, Papa die ganze Wahrheit sagen, uns dafür entschuldigen und uns in den nächsten Tagen in aller Ruhe diese schöne Stadt anschauen. So, wie Hunderttausende andere Touristen auch!«

»Ha!«, lachte Joanna auf. »Du glaubst, dann lässt Papa uns allein durch Paris ziehen? Und das noch mit dem fröhlichen Segen von Mama?«

Finn schwieg. Er wusste, seine Schwester hatte recht.

»Ich kann dir sagen, was passieren wird: Jean und Lilou bekommen von ihrem Vater die Hölle heißgemacht. Wir werden die beiden nicht mehr sehen dürfen. Und weil es dann keine Aufsicht mehr für uns gibt, wird Papa uns ins nächste Flugzeug setzen und nach Hause schicken. Zu Hause wird Mama uns vom Flughafen abholen und uns eine Standpauke halten, weil sie wegen uns ihre Geschäftsreise abbrechen musste!«

Finn wurde blass, seine Lippen zitterten und Tränen stiegen in seine Augen.

»Nun fang nicht an zu flennen«, forderte seine Schwester ihn auf. »Mama und Papa haben recht. Ich würde mit uns das Gleiche machen, wenn ich sie wäre!«

»Das macht die Sache auch nicht besser«, entgegnete Finn. »Ich hab ja gleich gesagt, wir sollten die Finger davonlassen!«

»Oh Mann, Finn!« Joanna fummelte ihr Smartphone hervor, suchte darauf eine Internetseite und zeigte sie ihrem Bruder, während sie gleichzeitig vorlas:

Weltweit werden Millionen Tiere jedes Jahr für den Handel mit Pelzen getötet, um ihre Felle zu Mänteln, Jacken oder Mützen zu verarbeiten. Für einen Pelzmantel sterben 30 bis 50 Waschbären oder 14 Luchse, 40 bis 60 Nerze,

zwölf Wölfe, 110 Eichhörnchen oder
130 bis 200 Chinchillas.
Die Vergangenheit hat gezeigt, dass Tiere
wie Tiger, Leoparden, Geparden, Schneeleoparden und Nebelparder aufgrund ihrer
Felle fast ausgerottet worden sind.
Internationale Artenschutzbestimmungen
zum Schutz von vom Aussterben bedrohten
bzw. gefährdeten Arten werden immer wieder umgangen.
Pelztiere werden in Käfigen gehalten und
damit jeder Möglichkeit beraubt, sich art-
gerecht zu verhalten. Auf Pelztierfarmen
werden nicht einmal die Minimalansprüche,
die diese Tiere an ihre Umgebung stellen,
erfüllt.

»Und wir stehen hier und jammern, weil wir morgen vielleicht
keine Stadtrundfahrt machen dürfen?« Bevor Joanna ihren Vor-
trag beendete, wiederholte sie noch mal: »Bis zu 200 Chinchillas für einen einzigen Mantel! Kannst du dir das vorstellen? Ein
Mantel aus 200 Tierleichen?«

Finn schüttelte sich vor Ekel!

»Na bitte!«, sagte Joanna. »Das, was Lilou und Jean tun, ist
gut und richtig. Und wir können ihnen vielleicht helfen, weil
wir einiges herausgefunden haben. Vielleicht kriegen wir auch
heraus, wer sie verraten hat, und können so den illegalen Tierhandel auffliegen lassen!«

»Verraten?«, wiederholte Finn erstaunt.

»Was denn sonst?«, fragte Joanna zurück. »Meinst du, die Polizei war zufällig hier? Oder glaubst du, sie sitzt jeden Abend

hier am Straßenrand und wartet darauf, dass die Tierschützer kommen und was Verbotenes tun? Nein, die wussten von der Aktion!«

»Puh!«, machte Finn. »Aber wer soll sie verraten haben? Das kann nur einer aus der Tierschutzorganisation gewesen sein. Und da kennen wir doch niemanden außer Lilou, Jean und Antoinette?«

»Komm mit!«, forderte Joanna ihn auf.

»Wohin?«, fragte Finn misstrauisch. Sein Bedarf an Abenteuern war für diesen Tag mehr als gedeckt.

»Na, zurück ins Hotel, zu Papa!«, beruhigte Joanna ihn. »Das wolltest du doch sowieso!«

Zum Glück fuhr die Pariser Metro auch noch um Mitternacht. Trotzdem bekamen die beiden ein mulmiges Gefühl, mitten in der Nacht allein durch eine Millionenstadt wie Paris zu fahren.

»Wir müssen uns von Wachpersonal und Polizei fernhalten«, riet Joanna. »Wir fallen als Kinder mitten in der Nacht sicher auf und werden angesprochen oder sogar mitgenommen.«

Das klang für Finn logisch, auch wenn er sich in der Nähe von Wachpersonal wohler gefühlt hätte. Finn erinnerte sich, wie ihre Oma mal erzählt hatte, dass sie als Jugendliche an jedem Wochenende in die Stadt zur Disco – wie Musikclubs damals hießen – gefahren war. Ihre Oma hatte sich einfach an die Straße gestellt, den Daumen rausgehalten und sich von wildfremden Autofahrern mitnehmen lassen. »Trampen« hatte sie das genannt.

Finns Mutter hatte fast einen Anfall bekommen, als ihre Schwiegermutter die Geschichte erzählt hatte. »Du bringst die Kinder noch auf Ideen! Viel zu gefährlich!«, hatte sie behauptet und von Terroristen, Kinderschändern, Verrückten und Massenmördern gesprochen.

Oma hatte nur gelacht und noch einen draufgelegt: So sei sie auch in Urlaub gefahren. Quer durch Deutschland, Frankreich, Spanien bis nach Portugal und zurück. Alles »per Anhalter«.

Finn stand an den nun hell erleuchteten Champs-Elysées und dachte an die Worte seiner Oma. Ihr erster Urlaub, so hatte sie erzählt, hatte sie mit siebzehn hierher nach Paris und durch ganz Frankreich geführt. Aber sie hatte damals nicht in einem schicken Hotel gewohnt, sondern auf einem Campingplatz am Rande der Stadt. Und manche Nacht hatte sie auf einem Bahnhof oder Autobahnrastplatz geschlafen. Ihre Eltern informieren konnte sie nicht, weil es noch keine Handys gab, sondern nur Telefonzellen. Die waren aber oft kaputt und zweitens sehr teuer gewesen, wenn man ins Ausland telefonieren wollte. Seine Oma hatte Postkarten verschickt, die aber erst, zwei bis drei Wochen *nachdem* sie wieder zu Hause angekommen war, eingetroffen waren. Wenn überhaupt. »Irgendwo auf der Welt muss es einen riesigen Berg von verloren gegangenen Postkarten geben«, hatte seine Oma lachend gesagt.

Heute hatten sie es einfacher. Finn betrachtete seine Schwester, die gerade dabei war, ihrem Vater eine WhatsApp-Nachricht zu schicken.

»Ich gebe ihm nur kurz Bescheid, dass wir kommen. Dann ist er nicht ganz so überrascht!«, sagte sie.

Kaum hatten die Türen der Metro sich hinter ihnen geschlossen, tippte Finn seine Schwester an und sagte: »Ich glaube, wir werden verfolgt.«

Geheime Informationen

Joanna fixierte mit einem Seitenblick den Mann, den Finn ihr gezeigt hatte.

»Ich kann mich nicht erinnern, den schon mal gesehen zu haben.«

»Aber ich«, behauptete Finn. »Ich weiß im Moment bloß nicht mehr, wo.«

»Und wieso sollte der uns verfolgen?«, fragte Joanna nach.

»Die suchen doch immer noch nach dem Chip«, antwortete Finn.

Der Mann saß am anderen Ende des Waggons und las in einem Magazin. Er machte überhaupt nicht den Eindruck, als würde er Joanna und Finn kennen oder gar verfolgen. Er sah noch recht jung aus. Joanna schätzte ihn auf vielleicht achtzehn Jahre, wenn er überhaupt schon volljährig war. Normalerweise wären sie jetzt an der nächsten Station ausgestiegen, um zu sehen, ob der Mann auch ausstieg. Doch sie befürchteten, dass die nächste Bahn erst sehr viel später kam. Vielleicht war dies sogar die letzte Metro, die in der Nacht fuhr.

Plötzlich schnippte Finn mit dem Finger. »Jetzt weiß ich es! Der war bei der Razzia dabei, als Lilou und Jean festgenommen wurden. Der hat Fotos gemacht!«

Joanna kniff die Augen zusammen: Der junge Mann trug tatsächlich eine Kamera bei sich, die er über die Schulter gehängt hatte.

»Ein Fotojournalist?«, fragte Joanna. »Ich hätte gedacht, dass Reporter mit dem Auto fahren. Du meinst, der ist wegen uns hier?«

Finn zog die Schultern hoch. »Könnte doch sein.«

Joanna kaute mal wieder auf ihrer Unterlippe, was ein Zeichen für angestrengtes Nachdenken war. »Ich weiß nicht«, murmelte sie. »Ich weiß nicht.«

»Was denkst du denn?«, hakte Finn nach.

»Ich krieg das nicht so ganz zusammen«, gab Joanna zu. »Wir haben die Aufnahmen auf dem Chip, hinter dem die her sind, doch gesehen. Die waren nicht schön, aber auch keine wirklichen Beweise, mit denen man den Modedesigner dingfest machen könnte, oder? Sonst könnten Lilou und Jean sie der Polizei übergeben.«

»Stimmt!«, pflichtete Finn ihr bei. »Deshalb die Aktion in der Nacht. Sie wollten mehr Beweise sammeln.«

»Genau!«, meinte Joanna. »Und davor haben sie vermutlich Angst und lassen uns verfolgen, um herauszubekommen, was wir wissen oder weiter unternehmen.«

Finn behielt den Mann im Auge. Was würden er oder seine Auftraggeber mit ihnen machen, wenn sie nach deren Meinung zu viel wussten? So richtig gefährlich sah der Typ eigentlich nicht aus. Aber das musste nichts heißen. Trotz des warmen Frühsommers trug er eine Wollmütze, dazu einen Hoody, eine Baggy-Jeans und Sneakers. Sah alles recht cool aus, fand Finn. Nur die Kamera um die Schulter passte nicht dazu.

»Am liebsten würde ich den Spieß umdrehen«, sagte Joanna und riss damit Finn aus seinen Gedanken. »Ihm erst entkommen und ihn dann verfolgen. Vielleicht bekommen wir so heraus, was er mit der Sache zu tun hat.«

»Spinnst du?«, wehrte Finn ab.

»Schon gut, schon gut«, beruhigte Joanna ihn. »Ich hab doch Papa gesimst, dass wir gleich kommen. Geht also gar nicht!«

Finn atmete erleichtert auf.

»Okay«, sagte Joanna. »An der nächsten Station müssen wir eigentlich umsteigen.«

»Eigentlich?«

Joanna zwinkerte ihm zu. »Ja, aber wir fahren noch eine weiter und nehmen uns ein Taxi. Wir müssen dem Typen nicht noch zeigen, wo wir wohnen.«

Finn nickte entschlossen. »Guter Plan.«

Doch zu ihrem großen Erstaunen geschah etwas völlig Überraschendes. Statt sitzen zu bleiben und sie weiter zu verfolgen, erhob sich der Fotograf und stellte sich an die Tür.

Finn und Joanna schauten sich unsicher an. Was hatte das denn zu bedeuten? Wusste der Fotograf etwa bereits, wo sie wohnten und dass sie hier eigentlich umsteigen mussten? Vielleicht stieg er vor ihnen aus, um nicht zu verraten, dass er sie verfolgte! Würde der Typ vielleicht unten am Hoteleingang auf sie warten, wenn sie kamen?

›Was jetzt?‹, fragte Finn mit einem Blick.

Joanna beschloss, ruhig zu bleiben und an ihrem Plan festzuhalten, wie sie ihrem Bruder mit einer Handbewegung deutlich machte.

›Okay‹, dachte Finn. Er versuchte, sich zu entspannen.

Die Metro fuhr in die Station ein. Joanna suchte demonstrativ nach einem Sitzplatz. Finn setzte sich zu ihr. Doch der

Typ schien sie gar nicht zu beachten. Als die Metro die Türen öffnete, stieg er aus und ging den Bahnsteig entlang. Entgegen der Fahrtrichtung.

Joanna und Finn stutzten. Hätte er zum Umsteigen nicht in Fahrtrichtung gehen müssen? Der Typ ging genau an dem Fenster vorbei, hinter dem Joanna und Finn saßen.

Schnell schauten sie weg. Joanna zog ihr Smartphone hervor und tat so, als würde sie neue Nachrichten lesen. Aber aus den Augenwinkeln verfolgte sie den Typen, drehte den Kopf, schaute ihm hinterher und …

»Das gibt's nicht!« Heftig stieß sie gegen Finns Knie. »Schau dir das an!«

Finn schaute ebenfalls zurück und sah, was seine Schwester meinte. Ein junges blondes Mädchen lief auf den Typen zu. Die beiden umarmten und küssten sich innig zur Begrüßung. Unwillkürlich riss Joanna ihr Smartphone hoch und machte so viele Aufnahmen, wie sie in der kurzen Zeit bis zur Abfahrt der Metro schaffte.

Der Typ und das Mädchen ließen nun voneinander ab und gingen Arm in Arm zum Ausgang. Joanna sah die beiden nur noch von hinten. Aber sie hatte keine Zweifel: Sie kannte das Mädchen. Auch wenn sie es bisher nur geschminkt und in Designerklamotten gesehen hatte. Dieses Mädchen war niemand anderes als Catherine, die Tochter des Zoohändlers!

Joanna und Finn hatten Glück. Als sie im Hotel ankamen, ahnte ihr Vater noch nichts von dem, was Lilou und Jean passiert war. Deren Vater hatte in dieser Nacht sicher auch andere Sorgen, als die peinliche Festnahme als Erstes seinem Besuch aus Deutschland auf die Nase zu binden. Wenn sie noch mehr Glück hatten, würde er ihrem Vater die ganze Angelegenheit vielleicht sogar niemals erzählen.

»Das wäre doch prima«, flüsterte Joanna Finn zu. »Dann brauchen wir Papa nie von unserer Nachtaktion zu erzählen.«

Sie erzählten ihrem Vater, dass sie doch lieber »zu Hause« im Hotel schliefen, und wechselten schnell über zum Bericht vom Tage: was sie alles gesehen hatten, wie toll sie Paris fanden und vieles mehr. Nur alles, was gefährlich gewesen war, ließen sie aus. Nun putzten sie sich ihre Zähne und machten sich auf den Weg ins Bett.

»Morgen müssen wir diese Catherine aufspüren und sie nicht mehr aus den Augen lassen«, verkündete Joanna, gähnte lang und ausgedehnt und drehte sich zum Schlafen um.

»Was?«, fragte Finn. »Du willst morgen ...« Er brach ab und dämpfte seine Stimme. Er wollte nicht, dass Papa ihn hörte. Also begann er von vorn, deutlich leiser. »Du willst morgen ...?«

Wieder brach er ab. Dieses Mal aber, weil er aus Joannas Bett ein leises Schnarchen hörte.

»Na super!«, stöhnte er.

Dann drehte er sich ebenfalls um und kuschelte sich in seine Decke.

Am nächsten Morgen verabschiedete sich ihr Vater wieder zu seinem Kongress. Joanna und Finn gingen in das Bistro um die Ecke zum Frühstücken. Ihr Vater dachte, sie wären wieder mit Lilou verabredet, um sich die Stadt zeigen zu lassen.

»Praktisch!«, frohlockte Joanna und biss fröhlich in ihr Baguette. »Solange Papa nicht weiß, dass Lilou im Knast ist, haben wir freie Hand!«

Finn sagte nichts. Er fühlte sich ganz und gar nicht wohl. Erstens, weil sein Vater von dem ganzen Fall nichts wusste, in den sie verwickelt waren. Zweitens, weil Joanna hinter seinem Rücken weitermachen wollte. Und drittens, weil Jean und Lilou im Gefängnis saßen und ...

Finn hielt inne. Sein Mund stand offen. Starr hielt er sein Marmeladen-Baguette in den Händen, als hätte ihn ein Zauberer kurz vorm Abbeißen eingefroren.

»Was ist denn mit dir los?«, fragte Joanna.

»Lilou und Jean sind gar nicht im Gefängnis«, sagte Finn leise. Sein Baguette hielt er immer noch regungslos vor seinem Mund.

»Hä? Was redest du da?«, hakte Joanna nach. »Du hast doch selbst gesehen, wie die beiden festgenommen wurd…«

»Bonjour!«

Joanna drehte sich um. Beinahe wäre ihr vor Schreck das Glas Orangensaft aus der Hand gefallen. An ihrem Tisch standen plötzlich Lilou und Jean. Auch Jean grüßte freundlich, als wäre nie etwas geschehen und als wollten die beiden sich mit ihnen einfach nur zu einer Stadtrundfahrt verabreden.

»Wo … wo kommt ihr denn her?«, stotterte Joanna. »Ich dachte, ihr wäret …«

Lilou legte den Zeigefinger auf ihre Lippen. »Pst! Nischt 'ier darüber reden, okay? Könnt ihr kommen mit uns?«

»Klar!«, antwortete Joanna und stand sofort auf.

»Was? Wieso?«, sagte Finn. »Ich hab noch nicht gefrühstückt.«

»Nimm dein Baguette mit!«, forderte Joanna ihn auf. Und ging bereits ins Bistro, um am Tresen zu bezahlen.

Finn stopfte das halbe Baguette in sich hinein und stürzte seinen Orangensaft hinterher. Als Joanna bezahlt hatte und wieder herauskam, hielt er nur noch ein kleines Stück seines Brotes in den Händen.

»Wir durften 'eute Morgen wieder gehen«, erklärte Lilou, als sie zu viert die nächste Hausecke erreicht hatten. »Unser Papa 'at uns abgeholt und mit unser … wie sagt man … er 'at geschimpfe?«

»Geschimpft!«, verbesserte Joanna. »Das kann ich mir denken.«

»Und euer Papa?«, fragte Lilou nach.

»Weiß von alldem noch nichts!«, teilte Joanna ihr mit.

Lilou nickte. »Bon!«

Dann kam sie mit der Frage heraus, wegen der sie Joanna und Finn aufgesucht hatte.

»Ihr 'abt gesehn unsere Ver'aftung. Oui?«, fragte Lilou.

Joanna nickte. Sie war gespannt auf Lilous eigentliche Frage.

»'abt ihr gesehn ... ist eusch aufgefallen etwas dabei? Oder nachdem die Police uns 'at gefahren weg?«

Joanna war wegen dieser Frage ganz aus dem Häuschen. Sie hatte ja gleich gewusst, dass es sich lohnte, den Fall weiterzuverfolgen. Aufgeregt berichtete sie von der Begegnung zwischen dem Fotografen und Catherine.

Lilou wischte sich eine Haarsträhne aus dem Gesicht. Ihre Stirn legte sich kraus und ihre zahlreichen Schmuckstücke an Ohren und Nase klimperten leicht.

»Catherine?«, fragte sie. »Ihr kennt Catherine?«

Hilfe suchend schaute Lilou ihren Bruder an, der dem auf Deutsch geführten Gespräch nicht folgen konnte. Doch bei dem Namen Catherine wurde er ebenfalls hellhörig.

»Ihr auch?«, fragte Joanna zurück.

Lilou war sich offenbar nicht ganz sicher, ob sie von derselben Person sprachen. »Ihr meint das Model von die Modeschau?«

Joanna nickte noch heftiger. »Ja! Ihr kennt sie?«

Lilou wurde sehr ernst. »Und sie 'at sisch getroffen mit dem Mann, der gemacht Fotos von uns bei die Ver'aftung?«

»Ja!«, bestätigte Joanna. »Wieso? Was ist denn mit dieser Catherine? Sag schon!«

Noch immer zögerte Lilou, mit der Wahrheit herauszurücken. Doch dann sagte sie schließlich leise und bedrückt: »Sie ist in dieselbe Schulklasse wie meine Bruder. Und sie ge'ört zu unser.«

»Gehört zu unser?« Joanna verstand nicht recht.

»Organisation!«, antwortete Lilou. »Für die Schutz der Tiere. Sie sollte eigentlisch dabei sein an unsere Aktion. Aber sie war nischt da.«

Joanna verschlug es die Sprache. Damit hatten sie und Finn am wenigsten gerechnet. Aber es passte zunächst zusammen. Finn erinnerte sich, wie Catherines Vater, der Zoohändler, versichert hatte, dass der Pelz, den seine Tochter auf den Fotos trug, niemals ein echter Pelz gewesen sein konnte. Weil Catherine – wie er bestätigte – eine absolute Tierschützerin war. So weit stimmte also alles.

Was überhaupt nicht dazu passte, war die Beobachtung, die Joanna und Finn gemacht hatten: Catherine war sehr wohl in dieser Nacht unterwegs gewesen. Aber sie war nicht zur Aktion gekommen, sondern hatte sich mit einem Fotografen getroffen, der die gesamte Verhaftung aufgenommen hatte. Aber für wen, in wessen Auftrag?

Lilou und Jean kannten diesen Fotografen nicht. Sie hatten ihn während der Aktion nicht bemerkt. Außerdem hatten sie niemanden beauftragt, Fotos zu schießen. Die hatten sie selbst machen wollen. Aber die Aktion war ja auf ganzer Linie gescheitert.

»Die Polizei wusste von euch. Also hat sie jemand informiert«, sagte Joanna bedrückt.

Lilou nickte. »Und das ist noch nicht alles. Der Lkw war leer!«

Jetzt merkte Finn auf. Deswegen hatten sie einen Fluch aus dem Lkw gehört, als Lilous Gruppe die Heckklappe aufgebrochen hatte. In dem Moment war dann aber schon die Polizei gekommen. Lilou und die anderen waren festgenommen worden, er und Joanna konnten entkommen. Doch noch immer wussten sie nicht, was ihre französischen Gastgeber mit ihrer »Aktion« bezweckt hatten. Wollten sie tatsächlich Tiere befreien? Finn fragte gleich direkt nach. Doch Lilou sah ihn nur befremdlich an, als er nach den Tieren fragte.

»Tiere?«, wiederholte sie. »Welche Tiere?«

Finn suchte verlegen nach einer Antwort. Ihm war die Vermutung ja selbst komisch vorgekommen. Und jetzt, wo Lilou nachfragte, erst recht …

»Was denn sonst?«, fragte er. »Wir dachten, ihr wollt Tiere befreien!«

Joanna zeigte ein unsicheres Lächeln. Finn sah ihr an, wie sehr auch sie der Antwort entgegenfieberte. Lilou schüttelte den Kopf und übersetzte Finns Frage für ihren Bruder Jean. Der lachte bitter. Lilou wandte sich wieder an ihre deutschen Gäste: »Nicht lebende Tiere. Leider. Sondern … öh … peaux, fourrures. Äh … manteaux de fourrure.«

»Monto dö Furühr?«, wiederholte Finn so, wie er es verstanden hatte. »Was ist das denn?«

»Pelzmäntel!«, übersetzte Joanna.

Jetzt war Finn sprachlos. »Ihr … ihr … wolltet Pelzmäntel klauen? Sag, dass das nicht wahr ist, Joanna!«

Finn dachte an die kleine Pelzmütze, die sie in der Boutique gesehen hatten. Wie viel hatte die noch mal gekostet? 2000, 3000 Euro? Was mochte da erst ein ganzer Mantel kosten? 10.000, 20.000 Euro? Und das wiederum hochgerechnet auf eine gesamte Lkw-Ladung?

Finn rechnete im Kopf schnell zusammen: Zweihundert Mäntel im Wert von vielleicht je 20.000 Euro. »Ihr wolltet Mäntel im Wert von rund vier Millionen Euro klauen?«

Doch Joanna hob beschwichtigend die Hände. »Moment!«, bat sie. »Lilou, stimmt das? Ihr wolltet die Pelzmäntel stehlen? Und waren die tatsächlich so viel wert?«

»Non!«, antwortete Lilou sofort.

Joanna atmete schon erleichtert auf. Ihr Bruder hatte mal wieder maßlos übertrieben.

»Die Pelzmäntel kosten ...« Sie vergewisserte sich auf Französisch bei ihrem Bruder. Der nuschelte eine Zahl, die Joanna so schnell nicht richtig verstand. Lilou beendete ihre Antwort: »... zehn Millionen Euro.« Sie hob beide Hände und zeigte mit den Fingern die Zahl Zehn an.

»Zehn ...!« Finn blieb die Zahl im Halse stecken.

»Die wolltet ihr stehlen?«, fragte Joanna entsetzt.

»Was ist stehlen?«, fragte Lilou.

Finn stieß einen Lacher aus. »Na, klauen, rauben, sich unter den Nagel reißen ...«

»Klauen?«, fragte Lilou nach. »Non, non! Wir nischt wollten klauen die manteaux, wie sagt man, die Mäntel.«

»Puh!«, freute sich Joanna. »Und wir dachten schon.«

»Wir sie wollten zerstören«, stellte Lilou richtig.

»WAS?« Wieder glaubte Finn sich verhört zu haben.

Jean zog eine Farbspraydose unter seinem Shirt hervor. Die Farbe war rot wie Blut.

»An die Mäntel klebt Blut«, erklärte Lilou. »Wir wollten dies zeigen. Mit die Farbe! Dann Foto. Und dann in die Zeitung. Aber die Fotos wir wollten selbst machen. Keine Fotograf. Ihr versteht?«

Joanna verstand – dass der mysteriöse Fotograf sie ausspionierte und vermutlich mit Catherines Hilfe die Umweltschutzorganisation auffliegen lassen wollte. Aber mehr auch nicht. Sie und Finn konnten einfach nicht nachvollziehen, wozu die nächtliche Aktion gut gewesen sein sollte. Kein einziges Tier war gerettet worden. Lediglich die Mäntel hatten Lilou und ihre Freunde zerstören wollen, womit sie einen Millionenschaden angerichtet hätten.

»Wir 'ätten große Aufmerksamkeit in Medien bekommen. Vous comprenez?«, rechtfertigte Lilou ihre Aktion. »Wir 'ätten gezeigt, dass Blut klebt an die Mäntel. Und der Designer 'ätte kein Mantel mehr verkauft.«

»Na ja«, widersprach Finn. »Wenn ihr zweihundert Mäntel zerstört hättet, was glaubt ihr denn, was der Designer gemacht hätte? Vermutlich würde eine Versicherung den Schaden zahlen. Er hätte zweihundert neue Mäntel angefertigt. Und dafür hätten neue Tiere sterben müssen.«

»Pah«, wehrte Lilou den Vorwurf ab. »Non, non. Pelzmäntel man muss verbieten. Wir 'ätten gezeigt.«

»Ich weiß nicht«, meinte Finn. »Ihr hattet eine schwere kriminelle Tat geplant! Wieso hat man euch eigentlich schon wieder rausgelassen?«

Während Lilou noch nach Worten suchte, sagte Joanna: »Weil sie Glück hatten und der Lkw leer war. So kamen sie nicht dazu, den Millionenschaden anzurichten. Sie haben nur einen leeren Lkw aufgebrochen.«

»Stimmt«, pflichtete Finn bei. »Glück gehabt, dass ihr verraten worden seid. Der Verräter hat euch vor vielen Jahren Gefängnis bewahrt.«

Joanna riss ihre Augen weit auf. »Meinst du, Finn?«

Der nickte.

»Aber das könnte die Lösung sein«, überlegte Joanna laut. »Vielleicht hat Catherine euch verraten, weil sie euch vor einer großen Dummheit bewahren wollte.«

Lilou schaute Joanna und Finn nachdenklich an. Schließlich sagte sie: »Wir werden sie fragen. Aber wo sind die Felle? Wir 'atten Information sehr sicher, dass sie sollten geliefert werden. Auch Pelze von Tiere, die sind ... wie 'eißt es in allemand? Die sitzen unter Schutz?«

»Von Tieren unter Artenschutz?«, korrigierte Joanna.

»Oui!«, bestätigte Lilou. »Zum Beispiel von die Leopard im Schnee!«

Joanna zog ihr Handy hervor und zeigte Lilou die Fotos, die sie heimlich in der Boutique gemacht hatte. Darunter die Mütze aus dem Fell eines Schneeleoparden.

Lilou starrte entsetzt auf das Foto. »Du hast gemacht diese Foto in die Boutique von junge Designer?«

Joanna nickte.

»Merde!«, fluchte Lilou. »Dann die Felle sind bei ihm angekommen!«

›Also doch!‹, dachte Finn. Seiner Meinung nach hatte die Mütze, die Catherine bei der Modenschau getragen hatte, sehr ähnlich ausgesehen. Catherines Vater aber, der Zoohändler, hatte ihnen versichert, dass es sich um Kunstfelle handelte und Catherine eine aktive Tierschützerin sei.

Hatte er gelogen? Gerade wollte Finn die Frage stellen, da sprach Joanna es an.

»Catherines Vater sicher 'at ein wenig rescht«, erklärte Lilou. »Bei die Modeshow war beides: echte Felle von Tieren, die erlaubt sind. Und Kunstfelle von Tiere, die stehen unter die Schutz. Aber wir glauben, sie nur waren Muster. Die Kunden können in echt bestellen. Versteht ihr? Deshalb isch 'abe gemacht Fotos von die Gäste. Vielleischt man kann sehen auf die Fotos, dass mansche tragen solsch Pelze illegal.«

Und sie versicherte, dass es sich bei der Mütze in der Boutique garantiert um echtes Fell gehandelt hat. Das würde sich mit ihren geheimen Informationen decken, die ein Computerhacker für sie herausbekommen hatte.

Die Frage blieb also: Wo befanden sich die Felle jetzt? Wo konnte man sie aufstöbern, um zu beweisen, dass der Modedesigner illegale Geschäfte machte? Und welche Rolle spielten Catherine und ihr Vater in diesem ganzen Fall?

Joanna versprach, Lilou zu helfen. »Ihr befragt Catherine«, schlug sie vor. »Wir aber …«, sie zeigte auf Finn und sich selbst, »… gehen ihr nach, denn uns kennt sie nicht. Vielleicht führt sie uns zum Lager der Pelze, wenn sie damit etwas zu tun haben sollte.«

Observierung

Wie zu erwarten war, stritt Catherine alles ab, als Lilou sie zu der Nacht befragte. Mehr noch: Sie habe ja gar nichts von der Aktion gewusst, wie hätte sie sie da verraten sollen?

So berichtete Lilou es jedenfalls, nachdem sie mit Catherine gesprochen hatte.

»Und das war Fehler«, sagte sie.

Denn Catherine wäre in den Plan eingeweiht gewesen und hätte sogar ihre Teilnahme fest zugesagt. Sie war dann nur nicht zum Treffpunkt erschienen.

Lilou hatte Catherine nicht erzählt, dass Joanna und Finn sie zusammen mit einem Fotografen gesehen hatten. Catherine log also!

Aber noch wusste Catherine nicht, dass Lilou und die anderen die Wahrheit kannten. Lilou und Jean beschlossen, dass Finn und Joanna erst einmal Catherine beschatten sollten. Vielleicht würde sie sie ja wirklich zu den Fellen führen. Praktischerweise wohnte Catherine direkt über der Zoohandlung, die Joanna und Finn schon kannten.

»Oh Mann!«, stöhnte Finn. »Sollen wir jetzt etwa schon wieder den langen Kanal entlanglatschen, um da hinzukommen?«

Lilou musste lachen. Dann erklärte sie ihnen, dass die Stadt Paris seit Kurzem 20.000 Leihräder bereitstellte. Sie waren über 1500 Leihstationen verteilt. Sowohl Lilou als auch Jean besaßen ein Abo dafür, sodass Joanna und Finn sich auf deren Namen ein Rad ausleihen konnten. Und die ersten dreißig Minuten jeder Fahrstrecke waren eh kostenlos.

»Aber Vorsischt!«, riet Lilou. »Viele Autofahrer achten nischt die Radfahrer.«

Joanna und Finn nahmen das Angebot sehr gern an. Mit der Metro fuhren sie wieder bis zur Place de la République und holten sich dort die Räder. Sie fuhren los und gaben die Räder an der nächsten Station in der Nähe der Zoohandlung wieder zurück. Dann postierten sie sich vor dem Wohnhaus, in dem unten die Zoohandlung untergebracht war.

»Wie echte Kommissare, die ein Haus observieren!«, versuchte Joanna für gute Stimmung zu sorgen.

Doch Finn war trotzdem mies gelaunt. »Und genauso langweilig«, moserte er. »Wenn wir Pech haben, verplempern wir hier den ganzen Rest des Tages, ohne dass irgendetwas passiert.«

»Oder es passiert schon in den nächsten fünf Minuten etwas Interessantes!«, widersprach Joanna und zeigte auf ein Porsche Cabrio, das direkt vor der Zoohandlung stehen blieb. Ein junger Mann mit gewelltem dunklen Haar stieg aus, der ein auffällig hellblaues Jackett trug. Dazu einen orangefarbenen Schal.

»Dem fehlt nur noch eine rosa Mütze, dann sieht er aus wie ein Clown«, fand Finn.

»Oder es sind bereits die Farben der nächsten Saison«, lautete Joannas Erklärung. »Also total hip. Erkennst du ihn nicht?«

Jetzt erst erkannte Finn, wer da gerade die Zoohandlung betrat.

»Der Modedesigner von der Show!«

»So ist es!«, bestätigte Joanna. »Interessant, oder? Was macht der hier? Der will sich bestimmt keinen Wellensittich kaufen!«

»Stimmt«, sagte Joanna. »Deswegen kannst du drauf wetten, dass sein Besuch etwas mit unserem Fall zu tun hat.«

Finn schlug vor, die Räder wieder zu holen. »Wir werden sie sicher gleich brauchen.«

»Wie sollen wir denn einen Porsche mit dem Fahrrad verfolgen?«, fragte Joanna.

Finn winkte lässig ab. »Wusstest du nicht, dass in den meisten Großstädten das Rad unterm Strich das schnellste Verkehrsmittel ist? Die Autos stehen doch ständig im Stau. Besonders hier in Paris, da fahren die Autos selten schneller als dreißig oder vierzig Stundenkilometer. Für mehr sind die Straßen entweder zu eng oder zu voll oder beides.«

Joanna musste ihrem Bruder recht geben. Also holten sie schnell ihre Räder aus der Leihstation zurück, um für ihre erste Verfolgungsjagd gewappnet zu sein. Gerade rechtzeitig kehrten sie zurück. Finn wollte eben vom Rad steigen, als der Modedesigner die Zoohandlung verließ. Allerdings nicht allein. Ihm folgte Catherine, die wie selbstverständlich in den Porsche auf der Beifahrerseite einstieg. Eine halbe Minute später fuhren sie davon.

»Los! Hinterher!«, rief Joanna und trat kräftig in die Pedale.

Sie hatten Glück. Schon nach wenigen Metern, am Ende des Quai de Valmy, musste der Porsche an einer riesigen Kreuzung halten. So hatten die Kinder genügend Zeit, dem Wagen zu folgen. Erst als sie ihn eingeholt hatten, sprang die Ampel auf Grün. Der Porsche fuhr weiter, vorbei an den hoch gelegenen Metrostationen Jaurès und Stalingrad. Diesmal konnten Finn und Joanna dem Wagen nicht so schnell folgen. Aber die Straße ging nur geradeaus, und ein schneeweißer Porsche Cabrio war auffällig genug, um ihn im Blick behalten zu können.

»Da hinten steht er wieder an der Ampel, siehst du?«, hechelte Joanna, schon völlig außer Atem. Sie biss die Zähne zusammen und trat noch mal kräftiger in die Pedale. Obwohl Finn zwei Jahre jünger war, war er schneller auf dem Rad als seine Schwester. So überholte er sie immer wieder und fuhr zehn, zwanzig Meter voraus, um den Porsche im Blick zu behalten.

»Er blinkt nicht, soweit ich sehen kann!«, rief er. »Also fährt er vermutlich weiter geradeaus.«

»Hoffentlich!«, stöhnte Joanna von hinten.

Die Straße führte nun auch noch leicht aufwärts, was zusätzlich Kraft kostete. Und wie es Joanna schien, hatten sie auch noch leichten Gegenwind. Doch sie täuschte sich. Es war bloß der Fahrtwind, der ihr ins Gesicht schlug. Eine kleine Windbö trieb den Fetzen eines Papiertaschentuchs in Joannas Fahrtrichtung vor sich her. Und auch Finn rief ihr jetzt zu: »Wir haben zum Glück Rückenwind. Los, gib Gas!«

»Wäre schön, wenn es an meinem Rad so etwas wie ein Gaspedal gäbe!«, rief Joanna schnaufend zurück. Es rächte sich, dass sie meistens mit dem Bus zur Schule fuhr, während Finn lieber das Rad nahm. Selbst im Winter.

»Hast du ihn noch im Blick?«

Finn nickte: »Ja! Weiter geradeaus!«

Zum Glück gab es auf diesem Streckenabschnitt eine eigene Radspur. So kamen sie noch schneller voran, während die Autos von einer Baustelle abgebremst wurden.

»Gleich haben wir ihn wieder!«, rief Finn nach hinten.

Joanna strampelte, was das Zeug hielt. Und tatsächlich: Kurz vor der Metrostation La Chapelle waren sie fast wieder auf gleicher Höhe, bevor der Porsche erneut anfuhr und kurz danach rechts abbog in die große Rue Marx Dormoy. Finn schaffte es gerade noch rechtzeitig um die Ecke und sah, wie der Porsche gleich wieder links in die nächste Querstraße fuhr. Er drehte sich zu Joanna um, die erst jetzt in die Straße einbog. Finn bedeutete ihr mit Handzeichen, dass sie sich links halten mussten.

Noch hatte er den Porsche im Blick. Rüber über die Brücke, die über zahlreiche Bahngleise führte, dann gleich wieder rechts. Hier drohte der Porsche ihnen zu entkommen. Weiter und weiter entfernte er sich, weil er freie Fahrt hatte. Da er aber ein langes Stück schnurgeradeaus fuhr, verloren sie ihn noch immer nicht aus den Augen.

»Los, los!«, trieb Finn seine Schwester an. »Noch haben wir ihn! Wenn er nicht noch länger durch Paris gurkt, können wir vielleicht dranbleiben!«

Finn erhob sich aus dem Sattel, um noch mal ordentlich zu beschleunigen.

»Warte auf mich!«, rief Joanna völlig außer Atem.

»An der nächsten Kreuzung!«, antwortete Finn.

Aber das hörte Joanna kaum noch. Dafür war er schon zu weit voraus.

Nach etwas mehr als zwanzig Minuten Verfolgungsjagd waren sie endlich am Ziel. Der Porsche hielt in der Rue Paul Albert im berühmten Künstlerviertel Montmartre, in der Nähe der beliebten Kreuzkuppelkirche Sacré-Cœur. Es war eine kleine Gasse und ein unscheinbares Häuschen, vor dem der Porsche stand. Allerdings hatte es einen Eingang, der fast so groß war wie ein Garagentor. Catherine und der Modedesigner stiegen aus und läuteten, bis ihnen schließlich von einem jungen Mann geöffnet wurde. Finn und Joanna kannten ihn: Es war der Fotograf vom Vorabend!

»Das wird ja immer interessanter!«, flüsterte Joanna ihrem Bruder zu und zog ihr Smartphone aus der Tasche, um Lilou ein Foto zu schicken.

Sie erwischte die dreiköpfige Gruppe noch mit der Foto-App, bevor der Fotograf die Tür wieder schloss. Dann trat sie ein wenig aus dem Hausvorsprung hervor, hinter dem sie sich versteckt gehalten hatte. Sie schaute sich vorsichtig um und versicherte sich, dass die Luft rein war und sie von niemandem beobachtet wurden. Dann huschte sie über die Straße zu dem Häuschen, in dem Catherine und der Designer verschwunden waren.

Rechts vom Eingang entdeckte sie ein Fenster, das niedrig genug war, dass man von außen in die Räume hineinsehen konnte. Allerdings waren die Fensterläden verschlossen. Immerhin waren die Fenster dahinter geöffnet, sodass Joanna die Stimmen von drinnen hören konnte. Angestrengt lauschte sie, aber die Unterhaltung war zu leise. Außerdem unterhielten sich die drei in einem so schnellen Französisch, dass Joanna ohnehin kaum etwas verstanden hätte. Sie suchte nach einer Lücke in den Fensterläden.

Und tatsächlich: Wenn sie sich in einem bestimmten Winkel vors Fenster stellte, konnte sie einen kleinen Blick ins Innere werfen.

»Erkennst du was?«, fragte Finn.

»Pssst!«, zischte Joanna. Wenn sie die drei von außen hörte, würden diese umgekehrt ihre Stimmen hören können. Joanna ging deshalb dicht an ihren Bruder heran, um ihm ins Ohr zu flüstern. »Ich sehe ein Stativ mit Kamera. Und Scheinwerfer und so. Sieht aus, als hätte hier jemand ein Fotoatelier eingerichtet. Catherine zieht sich gerade aus.«

»Sie zieht sich aus?«, entfuhr es Finn entsetzt.

»Pssst!«, wiederholte Joanna. »Mann, die können uns hören! Nicht, was du denkst. Sie zieht sich natürlich nur um. Ich glaube, die machen ein paar Modeaufnahmen.«

Jetzt drückte Finn sein Gesicht dicht an die Fensterläden und spähte durch die schmalen Schlitze der Holzlamellen hindurch. Er fand bestätigt, was Joanna ihm gerade erzählt hatte. Catherine stand nur in Unterwäsche bekleidet da und war dabei, sich einen Pelzmantel überzuziehen.

Hastig tippte er seine Schwester an. »Hast du gesehen? Sie trägt jetzt einen Pelzmantel.«

Joanna riskierte einen zweiten Blick. »Du hast recht. Aber irgendetwas kommt mir komisch vor. Das sieht gar nicht aus wie ein Fotostudio.«

»Ja«, stimmte Finn ihr zu. »Ich habe mir so ein Studio auch anders vorgestellt. Viel größer, heller und mit viel mehr Leuten, die irgendwie mitarbeiten.«

Daran hatte Joanna gar nicht gedacht. Doch jetzt, wo Finn es erwähnte, bemerkte sie es auch. Wurden die Modeaufnahmen für große Modelabels tatsächlich in solchen kleinen garagenähnlichen Kaschemmen aufgenommen? Gut, dieser Modedesigner war noch jung und nicht sehr bekannt. Aber trotzdem. Immerhin leistete er sich schon eine Boutique in einer der berühmtesten Modestraßen der Welt, mitsamt Security. Da sollte er doch wohl auch Geld haben für ein großes, professionelles Fotostudio! Ein drittes Mal spähte Joanna durch die Fensterläden, und jetzt erkannte sie auch, was ihr eben unbewusst aufgefallen war.

»Das ist gar kein Mantel«, sagte sie. »Also jedenfalls noch nicht. Es sieht eher aus wie ein Fell mit Löchern für die Arme. Das ist sicher nur ein Rohschnitt. Also ein Mantel, der noch gar nicht fertig ist. Siehst du, was ich meine?«

Finn schaute ebenfalls nach. Seine Schwester hatte recht. Catherine konnte den »Mantel« auch gar nicht zuknöpfen. Sie hielt ihn mit den Händen vor dem Körper zusammen.

Nach nur zwei, drei Aufnahmen warf Catherine den Pelz von sich und zog sich einen neuen über den Körper. Es folgten wieder nur zwei, drei Aufnahmen.

»Wenn du mich fragst«, sagte Joanna, »dann sind das Muster.«

Das verstand Finn nun wieder nicht. Joanna erklärte es ihm. »Lilou hat doch erzählt, wie teuer manche dieser Mäntel sind. Wohl erst recht, wenn sie von verbotenen Tieren stammen. Da kann ich mir gut vorstellen, dass der Designer sie nur maßgeschneidert herstellt, verstehst du? Eine Dame bestellt den Mantel genau so, wie sie ihn haben will. Erst dann wird er geschneidert. Exakt nach ihren Wünschen.«

Das konnte sich Finn gut vorstellen. Nur nicht, was das mit diesen sogenannten Mustern zu tun haben sollte.

»Na ja«, erklärte Joanna weiter. »Bevor der an so einem teuren Pelz rumschnippelt, muss die Kundin vielleicht erst mal wissen, wie das Fell aussieht – als Mantel, meine ich. Das heißt, diese Fotos werden nicht für einen Katalog oder so aufgenommen, sondern nur für die Kundin. Die soll sehen, wie der Pelz am Körper wirkt. Anhand der Fotos sucht sie sich einen bestimmten Pelz aus und dann erst wird ein Mantel daraus gefertigt. Und der kostet dann eine Viertelmillion Euro oder so!«

Finn hustete: »Eine Viertelmillion? Für *einen* Mantel? Ich werde auch Modedesigner!«

Joanna verpasste ihrem Bruder einen Klaps. »Spinnst du? Willst dann auch Pelzmäntel aus bedrohten Tieren machen, oder wie?«

»Äh, nein«, stotterte Finn. »Aber ich meinte bloß!«

»Ja, ich verstehe langsam auch, wieso Kürschner und Modedesigner so etwas tun. Sie werden durch das illegale Geschäft mit der

Tötung aussterbender Tiere stinkreich. Ich verstehe nur nicht, wieso es Tanten gibt, die so etwas in Auftrag geben und kaufen!«

»Du hast die ollen Zicken doch gesehen in der Modenschau. Denen traue ich alles zu!«, kommentierte Finn.

»Auf jeden Fall sind die gesuchten Pelze, von denen Lilou gesprochen hat, offenbar gerade hier. Zum Fotografieren!«, fasste Joanna zusammen.

»Damit steht auch fest: Catherine macht als Model nicht nur Werbung für Kunstfelle!«, ergänzte Finn. »Ihr Vater hat also gelogen!«

Möglicherweise aber wusste Catherines Vater wirklich von nichts. Immerhin hatten auch Lilou, Jean und die anderen aus der Tierschutzorganisation ihr vertraut. Finn und Joanna sahen gerade den Beweis, dass Catherine ihre Tierliebe und ihr Engagement für den Schutz der Tiere nur vorgeschoben hatte. In Wahrheit machte sie gemeinsame Sache mit den Pelzhändlern.

Auch wenn Finn und Joanna noch nicht wussten, weshalb Catherine das tat. Verdiente sie heimlich gutes Geld an dem Pelzverkauf? Oder war sie dazugekommen, weil sie in den Fotografen verliebt war?

Finn und Joanna konnten durch die Holzlamellen deutlich erkennen, wie der Fotograf zwischen den Aufnahmen immer wieder auf Catherine zuging und sie auf den Mund küsste. Weshalb auch immer, Catherine spielte ein doppeltes Spiel. So viel stand fest. Nur beweisen konnten Finn und Joanna es nicht. Zwar beobachteten sie die ganze Szene live und hautnah. Aber es war unmöglich, durch die Lamellen hindurch zu fotografieren.

»Wir müssen Lilou und Jean Bescheid geben«, schlug Joanna vor. »Die beiden müssen so schnell wie möglich kommen und sie auf frischer Tat ertappen. Am besten, sie bringen gleich die Polizei mit, damit die illegalen Felle beschlagnahmt werden können.«

»Okay«, stimmte Finn zu. »Aber die Polizei können wir doch selbst rufen.«

»Ach ja?«, widersprach Joanna. »Kannst du der Polizei am Telefon auf Französisch erklären, worum es geht?«

Nein, das konnte Finn natürlich nicht.

Joanna rief Lilou an, doch die ging nicht ans Telefon.

»Mist! Wo steckt die denn?«, fluchte Joanna und schrieb eine WhatsApp-Nachricht.

An den zwei kleinen Häkchen rechts unten am Text konnte sie erkennen, dass ihre Nachricht angekommen war. Aber leider konnte sie nicht sehen, ob Lilou sie auch tatsächlich las. Da sie nicht ans Telefon ging, hatte sie bestimmt auch das Signal der Nachricht überhört.

»Hoffentlich meldet sie sich bald«, betete Joanna. »Das wäre zu dumm, wenn die uns jetzt durch die Lappen gingen.«

»Das werden sie vermutlich«, stellte Finn resigniert fest. »Sieh nur, ich glaube, die packen schon ein.«

»Was? So schnell?«

Joanna konnte es nicht glauben. Doch ein erneuter Blick durch die Fensterläden bestätigte Finns Vermutung. Catherine war schon wieder dabei, ihre eigenen Klamotten anzuziehen, nachdem sie noch halb nackt für zwei Pelzmützen, einen Bikini aus Pelz und zwei Fellminiröcke posiert hatte.

»Achtung!«, warnte Finn. »Sie kommen gleich raus!«

Finn und Joanna liefen zurück auf die andere Straßenseite, von wo aus sie die Szene zuerst beobachtet hatten.

Als Erstes kam der Designer aus der Tür. Diesmal allein und mit einer großen Tasche beladen.

»Ich wette, darin sind die Pelze!«, sagte Joanna und schoss schnell so viele Fotos, wie sie konnte. »Verflixt, und von Lilou und Jean ist noch immer nichts zu hören.«

»Vielleicht hätten wir doch selbst die Polizei rufen sollen«, sagte Finn. »Wir hätten es auf Englisch probieren können.«

»Stimmt«, sagte Joanna. »Aber wir wissen ja nicht, ob es sich wirklich um illegale Pelze handelt, also um Felle von Tierarten, die unter Artenschutz stehen.«

Da hatte Joanna auch wieder recht. Nichts wäre peinlicher, als dem Modemacher die Polizei auf den Hals zu hetzen, wenn es sich um ganz legale Pelzmode handelte, so wie sie auf der Modenschau zu besichtigen gewesen war. Nein, sie mussten sich vorher Gewissheit verschaffen. Und das ging nur gemeinsam mit Lilou und Jean.

Der Porsche brauste davon. Kurz darauf kamen Catherine und der Fotograf aus dem Haus. Sie schlenderten eng umschlungen wie harmlose Touristen die Straße entlang, mit Kurs auf Sacré-Cœur, die Basilika im Zuckerbäckerstil. Vermutlich wollten sie sich wie Hunderte andere auch von dort oben über den Dächern von Paris den Sonnenuntergang anschauen. Dies war ein beliebter romantischer Platz für Verliebte. Und für einen Moment ließ Joanna sich hinreißen und seufzte: »Hach, ich sag's ja: Paris – die Stadt der Liebe!«

Die heiße Spur

Lilou und Jean nahmen die neuen Informationen von Joanna und Finn sehr aufgeregt zur Kenntnis. Die vier hatten sich in der Wohnung von Jean und seiner abwesenden Mutter getroffen und saßen dort um den großen Tisch in der Küche zusammen. Die war zwar recht unaufgeräumt und chaotisch, dafür aber gemütlich und wohnlich. Jean hatte für sich einen Espresso zubereitet, für Lilou einen grünen Tee und für Finn und Joanna ein paar Orangen gepresst.

Unter dem Tisch knabberte ein kleines Hündchen an Finns Füßen. Erschrocken zog er seinen Fuß zurück, blickte unter den Tisch und rief: »Was ist das denn?«

»Das ist Victor!«, erklärte Lilou. »Ein Englisch Springer Spaniel. Er ge'ört jemand von unsere Organisation. Victor bald macht ein große Reise.«

»Ach ja?«, fragte Finn. »Wohin: ins Schuhgeschäft?«

Erneut musste Finn seinen Fuß zurückziehen, weil Victor schon wieder seinen Schuh fasste. Lilou verstand die Anspielung aber nicht und antwortete sehr ernst: »Nach Namibie. Er ist ein

Spende. Dort wird er – wie sagt man? – als Spür’und ausgebildet, um Geparde zu finden.«

Joanna und Finn schauten sich an.

»Für die Jagd?«, fragte Joanna und konnte es selbst nicht glauben. Immerhin saß sie hier doch gerade mit zwei sehr überzeugten Tierschützern zusammen.

»Blödsinn!«, antwortete Lilou entsprechend scharf. »Für die Zählung. Das ist für Artenschutz sehr wichtig. Aber schwer, weil Geparde sind … äh … sehr scheu. So man findet sie kaum. Aber ’unde können sie finden. Und Tierschützer können sie zählen. So sie wissen, ob die Geparde werden weniger und sind bedroht von das Sterben aus.«

Finn verstand. Victor würde in Zukunft ein wichtiger Spürhund werden. Noch aber war er ein ungezogener Latschenbeißer.

Lilou kam zurück zum Thema: Catherine war schon seit einigen Jahren Mitglied in der Tierschutzorganisation, und jetzt war sie überführt worden, ein doppeltes Spiel zu spielen. Sie hatte die eigenen Mitglieder und Freunde hintergangen und sogar die Aktion zum Schutz der Tiere und gegen die Pelzhändler verraten.

Joanna schränkte Lilous aufgebrachte Einschätzung ein klein wenig ein: »Wir haben das zwar alles beobachtet, was du eben gesagt hast. Aber hundertprozentig beweisen können wir nichts von alldem.«

»Das nicht spielt ein Rolle«, winkte Lilou ab. »Wir ’aben ein Verräterin bei uns!«

»Wäre es nicht wichtiger, die Pelze zu finden, um den Modedesigner und die Pelzhändler anzeigen zu können?«, fragte Joanna nach.

Lilou überlegte und stimmte Joanna dann zu. »Aber wie?«, fragte sie. »Wir können nicht durchsuchen seine ’aus.«

Darauf hatte auch Joanna keine Antwort. Paris war zu groß, um auf gut Glück nach ein paar versteckten Fellen zu suchen, selbst wenn es sich um eine ganze Lkw-Ladung handeln sollte.

»Und eure geheime Quelle?«, fragte Finn. »Kann die nichts herausfinden?«

Lilou schüttelte den Kopf. »Die Lage ist sehr ... äh ... ohn 'offnung. Wie sollen wir finden die Felle?«

»Au!«, schrie Finn auf. Victor hatte wieder zugepackt. Er wollte Finn den Schuh vom Fuß zerren und hatte dabei den großen Zeh erwischt.

»Lass das!«, schimpfte Finn. »Das ist mein Schuh. Und zwar ein ziemlich teurer, verstehst du?«

»Non!«, sagte Lilou lachend. »Victor versteht kein allemand. So wie Jean.«

Lilou und Joanna kicherten. Jean hatte nur seinen Namen gehört und wusste nicht, worüber die Mädchen lachten. Finn stieß Victor ein gutes Stück mit dem Fuß von sich weg.

»Schade, dass Victor noch kein Spürhund ist«, sagte er beiläufig. »Sonst hätte er vielleicht die Felle aufspüren können. Wie die Geparde, wenn er erst mal ausgebildet ist.«

Lilou horchte auf. »Was du 'ast gesagt?«

»Öh!« Diesmal war es Finn, der so machte. Hatte er etwas Falsches gesagt? Langsam und vorsichtig wiederholte er es: »Wenn er schon ausgebildet wäre, dann könnte er vielleicht ...!«

»Bien sûr!«, rief Lilou. »Victor kann tun das! Er war eine Jagd'und. Er ist aus 'eim für Tiere! Ausgebildet wird er in Namibie nur noch spécifiquement für Geparde.«

»Was? Echt? Der Hund kann die Pelze aufspüren?«, fragte Finn ungläubig.

»Aber klar!« Joanna setzte sich auf. Sie wirkte wie elektrisiert. »Wir kennen mittlerweile drei Orte, wo die Felle aufgetaucht sind:

zuerst bei der Modenschau, dann in der Boutique und drittens bei dem Fotografen in Montmartre. Wenn es uns gelingt, dass Victor bei einem der drei Orte die Fährte aufnimmt, dann könnte das klappen!«

Finn zweifelte noch immer. »Wie? Und dann rennt der Hund quer durch Paris, bis er die Felle gefunden hat?«

»Natürlich nicht!«, fuhr Joanna ihren Bruder an. »Aber wenn wir ihn zu einem Ort bringen, wo nach unserer Meinung die Felle sein könnten – also im Modeatelier des Designers zum Beispiel –, dann könnte er dort ein Versteck aufspüren. Und die Adresse des Ateliers wird man sicher schnell herausbekommen. Das ist ja bestimmt kein geheimer Ort, sondern eben ganz offiziell seine Werkstatt.«

Lilou übersetzte den Plan schnell für Jean, während Joanna ihm einen sehnsuchtsvollen Blick zuwarf. Es war wirklich zu bedauerlich, dass sie sich mit ihm überhaupt nicht verständigen konnte. Aber immerhin war Jean ebenso begeistert von Joannas Plan wie Lilou.

Nur Finn, der ja eigentlich auf die Idee gekommen war – wenn auch unfreiwillig –, konnte sich noch immer nicht vorstellen, wie sie den Plan umsetzen sollten.

»Und wie wollt ihr das anstellen? Ich meine, wir können ja wohl schlecht mit Victor an der Leine ins Modeatelier spazieren und ihn herumschnüffeln lassen.«

Joanna verzog das Gesicht zu einer traurigen Miene. »Das stimmt allerdings!«

Doch Lilou sah da offenbar überhaupt keine Schwierigkeit. »Das geht nischt, wenn die Schneider 'at geöffnet. Aber es geht, wenn niemand da. In die Nacht!«

»Was?«, riefen Joanna und Finn wie aus einem Mund. »Ihr wollt doch nicht etwa schon wieder einbrechen!«

Lilou zog unschuldig die Schultern hoch. »Jean kann gut Türen öffnen. Victor kann gut – wie sagt man – schnäuzen?«

»Schnüffeln«, korrigierte Joanna.

»Bon!«, sagte Lilou. »Tout va bien, alors!«

»Nein!«, widersprach Joanna. »Es ist nicht alles gut. Das ist ein Einbruch. Diebstahl!«

»Stahl?«, fragte Lilou erstaunt. »Was ist mit Stahl? Die Tür? Das macht nichts.«

»Nicht Stahl!«, verbesserte Joanna. »DIEBstahl. Äh …« Sie suchte nach einem anderen Wort für Diebstahl.

»Raub!«, fiel Finn ein.

»Vol?«, fragte Lilou nach. »Non, non. Wir wollen nichts nehmen. Nur zeigen.«

»Ja, ja!«, meckerte Finn. »Und mit Farbe besprühen. Ich weiß …«

»Non, non!«, versprach Lilou. »Wenn wir finden illegale Pelz, es reischt zu zeigen und zu rufen die Polizei. Im … camion … äh, Lastwagen das nicht wäre gewesen möglich. Der Camion wäre gefahren davon. Aber Lager ist Lager. Die Felle sind da, bis kommt die police.«

Joanna und Finn schauten sich an.

»Ich weiß nicht«, sagte Joanna zögerlich.

»Es bleibt ein Einbruch«, stellte Finn nüchtern fest.

»Un cambriolage?«, fragte Lilou. »Bien, aber nur eine klitzekleine und für die Schutz der Tiere.«

»Bon!«, stimmte Joanna zu.

»Bon?«, fragte Finn.

»Oui!«, sagte seine Schwester auffordernd.

Finn gab nach und antwortete seufzend: »Na gut: Bon!«

Lilou und Jean lächelten und reichten ihnen die Hände zum Abklatschen.

»Wir starten in diese Nacht!«

Eine aufregende Nacht

Die erste Schwierigkeit in dieser Nacht war, zum zweiten Mal dem Vater zu entkommen. Nach der Pleite beim ersten Mal konnten sie schlecht noch einmal behaupten, bei Jean zu übernachten. Wie aber sollten sie nachts aus dem Hotel kommen, ohne dass ihr Vater etwas bemerkte?

Joanna und Finn hatten keine Ahnung, wie Lilou es anstellte, unbemerkt von zu Hause abzuhauen. Sie wussten nur, für sich hatten sie keine Idee. Trotzdem mussten sie es irgendwie schaffen. Um 23 Uhr waren sie mit Jean und Lilou unten vor dem Hotel verabredet. Jean wollte jemandem aus dem Tierschutzverein Bescheid geben, der sie mit dem Auto abholen und zum Modeatelier fahren sollte.

Doch beim Abendessen in dem kleinen netten Restaurant um die Ecke sagte ihr Vater plötzlich: »Aber bleibt nicht zu lange, ja?«

Joanna hörte auf zu kauen. Finn legte seine Gabel beiseite. Beide wussten nicht, wovon er sprach.

»Äh«, tastete Joanna sich vorsichtig heran. »Wann?«

»Na, heute Nacht!«, antwortete ihr Vater.

Finn war froh, seine Gabel neben den Teller gelegt zu haben. Sonst wäre sie ihm jetzt vermutlich aus der Hand gefallen. Sein Papa wusste von dem bevorstehenden Einbruch?

»Lilou hat mir erzählt, dass ihr Freundschaft mit dem Hund ihres Bruders geschlossen habt«, erzählte der weiter. »Und um elf wollt ihr ihn doch zusammen Gassi führen. Habt ihr eure eigene Verabredung vergessen?«

»Nein, nein!«, sagte Joanna schnell. Aber mehr nicht. Sie wollte nicht verraten, dass sie und Finn von nichts wussten. Offenbar hatte sich Lilou eine schlaue Ausrede einfallen lassen.

Ihr Vater sah auf die Uhr. »Na, zweieinhalb Stunden habt ihr ja noch, bis Lilou und Jean euch abholen. Hoffentlich seid ihr bis dahin nicht schon eingeschlafen!«

Lachend rief er den Kellner herbei, um zu bezahlen. Dann wandte er sich augenzwinkernd noch mal den Kindern zu. »Übrigens: Mama hab ich von dem nächtlichen Gassigehen nichts erzählt, okay?«

»Okay!«, sagte Joanna.

Und auch Finn grinste, nahm seine Gabel und schnitt sich ein neues Stück von seinem Wiener Schnitzel ab. In dem französischen Restaurant fand er nie etwas anderes, was ihm schmeckte. Auf Schnecken, Austern oder sonstiges glibberiges Meeresgetier war er ebenso wenig gut zu sprechen wie auf die anderen Dinge, die er sich hatte übersetzen lassen: Weder gebackene Innereien noch gebratenes Gehirn vom Kalb kamen ihm auf den Teller. Aber es gab Schlimmeres, als jeden Abend Wiener Schnitzel essen zu müssen, fand er.

Joanna hatte ihre Vorliebe für Miesmuscheln entdeckt. Zwar hieß es, die sollte man nur in den Monaten essen, deren Namen mit »r« endeten. Aber der Koch hatte ihnen versichert, dass diese Regel vollkommen veraltet war und aus einer Zeit stammte, als man Lebensmittel noch nicht so gut kühlen konnte. Und so ließ Joanna sich jeden Abend die Miesmuscheln in den unterschiedlichsten Variationen schmecken.

Pappsatt trafen sie sich dann zweieinhalb Stunden später unten vor dem Hotel mit Lilou und Jean zum »Gassigehen«. Ganz so falsch war es ja auch gar nicht, was Lilou ihrem Vater erzählt hatte. Immerhin gingen sie ja wirklich mit Victor aus, der im Auto wartete. Nur, dass der Gassigang ins Modeatelier des Designers führte. Das hatten sie »vergessen«, dem Vater auch noch mitzuteilen.

Das Problem war nur, sie hatten nicht allzu viel Zeit. Mit dem Hund einmal die Runde zu machen, das brauchte für gewöhnlich keine zwanzig Minuten. Finn vermutete, dass sie eine knappe Stunde unterwegs sein konnten, ohne dass ihr Vater misstrauisch werden würde. Dies aber wohl auch nur, wenn sie sich zwischendurch per Handy bei ihm meldeten. Ob diese knapp bemessene Zeit reichen würde, ins Modeatelier einzudringen und die Felle zu finden?

Jean und Lilou hatten zumindest alles gut vorbereitet. Am frühen Abend hatten sie Catherine getroffen und ihr gesagt, dass ihr doppeltes Spiel aufgeflogen war. Bei dieser Gelegenheit hatte Victor seine Fährte aufnehmen können. Und zu guter Letzt hatten sie den Fotografen in Montmartre unter dem Vorwand aufgesucht, Catherine zu suchen.

Der war erst entsetzt gewesen, dass jemand von seiner Beziehung zu Catherine wusste. Offenbar hielten die beiden dies in der Szene streng geheim. Nur der Modedesigner wusste davon. Jedenfalls war es ihnen gelungen, sich Zutritt zum Studio zu verschaffen. Lilou hatte Victor »versehentlich« von der Leine gelassen. Noch ehe der Fotograf sich getraut hatte, Protest einzulegen, hatte Victor mit seiner Spürnase bereits das gesamte kleine Fotoatelier in sein

Geruchsgedächtnis aufgenommen. Nun war er bereit, die Pelze aufzuspüren. So hofften die vier zumindest.

Eine knappe Viertelstunde nach ihrem Treff hielt der Wagen vor dem Modeatelier. Lilou, Finn und Joanna blieben zusammen mit Victor im Auto, während Jean zur Eingangstür auf der anderen Straßenseite huschte. Vorsorglich hatte er sich das Schloss bereits am Tage genauer angesehen und auch die Überwachungskamera bemerkt.

Das war keine Überraschung gewesen. Immerhin lagerten im Modeatelier Pelze im Wert von mindestens ein paar Hunderttausend Euro. Der Fahrer ihres Wagens holte deshalb eine Trittleiter aus dem Kofferraum, baute sie hinter der Kamera auf, kletterte daran hoch und besprühte die Kameralinse mit schwarzer Farbe.

Lilou erklärte, dass sie sich jetzt noch mehr beeilen mussten. Zwar konnten sie mit der Überwachungskamera nicht mehr erkannt werden. Aber wer immer am anderen Ende der Leitung am Monitor saß, würde die Zerstörung der Kamera natürlich bald bemerken. Und mit Sicherheit würde in Kürze jemand kommen, um nachzusehen, was hier los war.

»Jetzt die Tür«, erklärte Lilou. »Die schafft Jean in wenigen Sekunden.«

Finn fand, dass das keine gute Nachricht war. Offenbar war er im Aufbrechen von Türen sehr routiniert. Setzte er diese Gabe wirklich immer nur für den Tierschutz ein? Oder machten sie gerade gemeinsame Sache mit einem notorischen Dieb? Finn war bei der ganzen Angelegenheit mulmig zumute. Er hätte sich von seiner Schwester nicht überreden lassen sollen – die im Vergleich zu ihm deutlich weniger Skrupel zu haben schien. Finn sah in ihren Augen schon wieder diesen Schimmer, den Joanna immer hatte, wenn sie einen Jungen anhimmelte.

Jean hatte die Tür geöffnet und gab ihnen ein Zeichen, dass die Luft rein war. Finn, Joanna und Lilou stiegen mit dem Hund aus, liefen über die Straße und huschten in das Modeatelier hinein, in dem es natürlich stockfinster war. Finn wollte gerade die Taschenlampen-Funktion auf seinem Smartphone öffnen, als Lilou ihn am Arm packte.

»Kein Licht!«, befahl sie.

Finn verstand, Licht konnte sie verraten. Aber wie wollten sie sich hier im Stockfinstern zurechtfinden? Und wie hatte Lilou überhaupt gesehen, dass er sein Smartphone aus der Hosentasche gezogen hatte?

In dem Moment bemerkte er, dass Lilou und Jean offenbar sehr gut sehen konnten.

»Moment mal«, flüsterte er. »Habt ihr etwa …?«

»Pst!«, mahnte Joanna. »Ja, die beiden tragen Nachtsichtgeräte.«

Finn verschlug es den Atem. Immer mehr machten die Geschwister auf ihn den Eindruck einer ausgekochten, erfahrenen Diebesbande!

»Woher …?«

»Nachtsichtbeobachtung von Wildtieren«, erklärte Joanna. »Das machen viele Tierschutzorganisationen. Wusstest du das nicht?«

»Wildtiere?«, fragte Finn ungläubig. »In Paris?«

»Und ob!«, belehrte ihn Joanna. »Die leben auch in Großstädten. Allein in Berlin sind 5000 Wildschweine. Dazu Waschbären, Füchse, Habichte … Im Disneyland in der Nähe von Paris gibt es einen eigenen ›Wildtier Service‹, der sich ausschließlich um eindringende Wildtiere kümmert. Häufig wird dann die Organisation von Jean und Lilou gerufen, um die Tiere abzuholen oder woanders wieder auszuwildern.«

»Aha!«, sagte Finn nur. Seine Schwester hatte sich im Gegensatz zu ihm offenbar sehr genau mit Lilous Organisation beschäftigt. Dann hatten wohl auch die Nachtsichtgeräte ihre Richtigkeit, mit denen Lilou und Jean jetzt Victor folgten, der schnüffelnd durch das Modeatelier zog.

Finn versuchte, nur nach Gehör zu folgen. Aber er knallte gegen einen schweren Tisch, auf dem Stoffe zugeschnitten wurden, und prellte sich die Rippe. Ihm blieb der Atem weg, aber er unterdrückte tapfer den Schmerzensschrei. Er wollte nicht schuld sein, wenn sie ihn erwischten.

»Und?«, fragte Joanna leise. »Hat er schon eine Spur?«

»Nein!«, antwortete Lilou aus einer völlig anderen Richtung, als Finn sie vermutet hätte.

Plötzlich ertönte ein einzelnes »Wuff« von Victor.

Finn wollte schnell zu der Stelle, wo Victor offenbar etwas gefunden hatte. Aber er sah die Hand vor Augen nicht. Langsam tastete er sich mit den Armen voran. Fühlte wieder einen großen Tisch, ging um ihn herum und stieß gegen einen Stuhl, der scheppernd davonrollte und krachend umkippte.

»Merde!«, schimpfte Lilou.

»'tschuldigung!«, flüsterte Finn. Aber kam Lilous Stimme nun von vorn? Oder doch eher von hinten? Musste er umdrehen?

»Joanna, wo bist du?«, fragte er.

»Hier, bei Lilou!«, kam ihre Antwort. Aber wieder aus einer anderen Richtung. Verdammt, wie schwer war es, sich nach Gehör zu orientieren! »Kannst du etwas sehen?«

»Nein! Natürlich nicht!«, antwortete Joanna. »Ich habe mich bei Lilou eingehakt!«

›Na toll!‹, dachte Finn. Auf die Idee hätte er auch kommen können. Jetzt irrte er allein im Modeatelier herum und hatte völlig die Orientierung verloren. Er streckte beide Arme nach vorne. Ging einen Schritt. Stieß gegen eine Wand. Eine Wand war nicht schlecht. An ihr konnte er sich entlangtasten. Das funktionierte ganz gut. Bis er etwas fühlte. Was war das?

In dem Moment flackerte ein grelles Licht auf.

»Ah!«, schrien Jean und Lilou im Chor. Finn sah, wie sich die beiden die Nachtsichtgeräte von den Köpfen rissen.

Durch ihren Aufschrei erschrak Victor so sehr, dass er loskläffte.

»Éteins la lumière!«, brüllte Jean.

»Was?«, fragte Finn.

»Lights off!«, schnarrte Lilou und Joanna brüllte ihn ebenfalls an. »Mach das Licht aus, Mann!«

Jetzt erst begriff Finn, dass er versehentlich an den Lichtschalter gekommen war.

»Oh Scheiße!«, fluchte er und knipste schnell das Licht wieder aus.

»Attends! Licht an!«, bat Lilou.

»Hä?« Finn begriff gar nichts mehr. »Was denn nun?«

Draußen ertönte eine Hupe. Das war der Fahrer, der sie hierhergebracht hatte. Er stand draußen Schmiere und sollte ein Hupsignal geben, wenn jemand kam und es brenzlig wurde.

»Die Wachleute!«, rief Joanna aufgebracht. »Wir müssen weg!«

»Attendez!«, bat Lilou. »Wartet! Noch mal Licht an, s'il vous plaît!«

»Aber der Fahrer hat gehupt. Da kommt jemand!«

»Schnell!«, drängelte Lilou.

»Was denn jetzt?«, wollte Finn wissen.

Auch Jean sagte irgendwas, was Finn nicht verstand.

»Licht an!«, befahl Joanna. »Los!«

Finn musste erst wieder nach dem Schalter tasten. Dann hatte er ihn gefunden und knipste das Licht an.

Draußen ertönte zum zweiten Mal die Hupe.

»Scheiße, wir müssen weg!«, sagte Joanna bibbernd.

»Seht!« Lilou zeigte auf einen Tisch, auf dem einige Pelze übereinanderlagen. Eindeutig noch unbearbeitet. Lilou hob sie an. Es waren nur drei Stück. Aber immerhin.

»Lapin!«, sagte Lilou und legte eins der Felle zurück.

»Was?«, wollte Finn wissen.

»Kaninchen!«, übersetzte Joanna. Das Wort kannte sie von der Speisekarte des kleinen Restaurants, in dem sie abends immer aßen.

»Renard!«, lautete Lilous nächstes Urteil. Und legte auch den zweiten Pelz zurück.

Das Wort kannte Joanna nicht.

Lilou fiel die Übersetzung nicht ein. »Der die Gänse stiehlt!«, sagte sie.

»Fuchs!«, erriet Joanna.

Den dritten, weitaus größten Pelz behielt Lilou in der Hand. »Et voilà! Ça y est!«

»Voilà was?«, hakte Joanna nach.

»Léopard des neiges!«, sagte Lilou.

Wow! Sie hatten richtiggelegen. Der Pelz eines geschützten Tieres! Allerdings war es das einzige Fell, das sie hier fanden.

Zum dritten Mal ertönte die Hupe.

»Éteins la lumière!«, hieß es nun plötzlich wieder von Jean. Und dann: »Prenez la sortie de derrière!«

»Was? Wie?« Finn verstand wieder nichts.

Die Hilfe kam von Lilou: »Nach hinten raus!«

Was Finn aber nur noch mehr verwirrte. »Nach hinten? Wo ist denn hinten?« Durch das grelle Licht waren seine Augen nicht mehr an die Dunkelheit gewöhnt. Alles, was er sah, waren kleine weiße Punkte vor seinem inneren Auge. Ansonsten blickte er ins tiefe Schwarz. »Hey! Redet mit mir!«

Er hörte, wie jemand eine Tür öffnete. War das die Hintertür, durch die seine Freunde jetzt verschwanden? Oder kam das Geräusch von der Vordertür? Verdammt! Die Wachleute waren da! Jetzt waren sie geliefert. Diesmal würde er nicht so glimpflich davonkommen …

Da packte ihn jemand am Arm. Ein Wachmann! Er hatte ihn gefasst und würde ihm jeden Moment Handschellen anlegen.

Doch es kamen keine Handschellen. Stattdessen zog ihn die Hand im Dunkeln mit sich. Jetzt erkannte Finn an der Hand, an der Art des Drucks und an dem Atem neben ihm, dass es seine Schwester war, die ihn mit sich zog. Mit der anderen Hand, so nahm er an, war Joanna bestimmt noch bei Lilou eingehakt. Die würde sie beide mithilfe ihres Nachtsichtgeräts zwischen den Schneidertischen bis zum Hinterausgang führen.

Während vorn jemand rief, schlüpften die vier mit Victor hinten hinaus. Leise fiel die Tür hinter ihnen zu, während im Lager das Licht anging. Im letzten Moment waren sie der Wache entkommen.

Entlarvung

Als sie wieder im davonbrausenden Auto saßen, atmeten Joanna und Finn erst einmal tief durch. Das war gerade noch mal gut gegangen! Nicht auszudenken, was passiert wäre, wenn sie tatsächlich erwischt worden wären.

»Wir hätten das wirklich nicht tun dürfen!«, jammerte Finn. »Stell dir vor, Papa hätte uns heute Nacht von der Polizeiwache abholen müssen!«

»Nein, das stelle ich mir lieber nicht vor«, antwortete Joanna.

Auch ihr saß der Schreck noch in den Gliedern. Sie saß vorn auf dem Beifahrersitz und schaute nach hinten, wo Lilou gerade Victor einige Leckerlis gab. Daneben kauerte Finn, am ganzen Leib zitternd. Er hätte jetzt auch gern jemanden gehabt, der ihn mit Süßigkeiten verwöhnte.

»Und wir haben nur ein einziges Fell gefunden«, klagte Joanna. »Das nützt uns gar nichts!«

Doch Lilou widersprach. Immerhin konnten sie jetzt sicher sein, auf der richtigen Spur zu sein. Der Modedesigner handelte tatsächlich mit illegalen Fellen. Und nun würden sie auch Catherine überführen. Die spionierte die Tierschutzorganisation aus für die Pelzhändler. Daran hatte Lilou keine Zweifel mehr.

»Wie kommst du darauf?«, wunderte sich Joanna. »Wir haben lediglich einen Pelz gefunden. Das sagt uns doch nichts über Catherine.«

Lilou schüttelte den Kopf und zog unter ihrem weiten schwarzen Pullover eine Art Fotoalbum hervor.

Finn wusste erst gar nicht, was das für ein Buch sein sollte. Joanna aber erzählte, dass ihre Oma und vor allem ihr Urgroßvater, der noch lebte, eine ganze Reihe von solchen Alben bei sich zu Hause im Bücherbord stehen hatten. Ein Buch, in das man Fotos einklebte.

»Kleben?«, fragte Finn nach. »Fotobücher kann man doch drucken lassen. Wer *klebt* denn noch Fotos in ein Buch?«

»Vielleicht jemand, der nicht möchte, dass seine Fotos von jemandem gesehen werden – außer vom Kunden«, erläuterte Lilou und schlug das Album auf.

Tatsächlich waren darin großformatige Hochglanzfotos eingeklebt. Auf jeder Seite ein Foto. Und jedes Foto zeigte – Catherine! Catherine mit einem Pelz um den halb nackten Körper, Catherine mit Pelzbikini, Catherine nur im Bikini mit Pelzmütze.

»Wir haben gesehen, wie der Fotograf sie aufgenommen hat!«, rief Finn.

»Richtig!«, antwortete Lilou. Sie musste das Buch kurz wegziehen und in die Höhe halten, weil Victor daran lecken wollte. »Non, Victor!«, schimpfte sie.

Victor legte seinen Kopf beleidigt beiseite. Lilou konnte weiter in dem Album blättern.

»Wow!«, rief Finn. »Da ist Catherine sogar ganz nackt! Sie hat nur einen Pelz über den Schultern!«

»Nun krieg dich mal wieder ein!«, schimpfte Joanna.

»Wie diese Fotos gemacht wurden, haben wir aber nicht gesehen!«, stellte Finn klar.

»Das ist auch besser so«, kommentierte Joanna. »Sonst hättest du deine Fassung wohl völlig verloren. Ich glaub's ja wohl nicht! Noch nie eine nackte Frau gesehen?«

»In echt?«, fragte Finn. Er dachte nach. »Öh, eigentlich nicht. Nur dich, aber das zählt ja nicht.«

Lilou kicherte. »Das kommt früh genug, kleine Mann!«

Finn verzog das Gesicht zu einer beleidigten Miene. Jetzt war er mal wieder der *kleine* Bruder. Lilou blätterte weiter in dem Album und Finn bekam noch mehr Nacktbilder von Catherine zu sehen.

»Konzentrier dich mal auf die Pelze!«, forderte Joanna ihn auf. »Siehst du?«

Finn sah – eine ganze Menge. Aber der Pelz? Was sollte der ihm sagen?

Lilou holte das Fell hervor, auf dem sie saß. Jenes, das sie aus dem Modeatelier hatte mitgehen lassen.

Jetzt begriff Finn. Es war das Fell, auf dem die nackte Catherine sich auf dem Foto rekelte.

»Wieso liegt die denn nackt auf dem Pelz, aus dem ein Mantel werden soll?«, wunderte er sich.

»Wieso wohl?«, fragte Joanna schnippisch. »Weil es sich so noch besser verkauft. Genauso, wie sich nackte Models auf Motorhauben rekeln, obwohl man doch eigentlich nur den Winterreifen kaufen soll.«

Lilou nickte grimmig. »Wir werden Catherine beides zeigen: das Fell und das Foto. Jetzt sie kann nicht mehr sagen, sie ist nur Model für Kunstfelle.«

»Auweia!« Joanna konnte sich sehr lebhaft vorstellen, wie peinlich die Gegenüberstellung für Catherine werden würde.

Nicht nur wegen der Nacktfotos. »Zeigt ihr die Fotos auch ihrem Vater?«

»Nicht, wenn Catherine uns verrät, wo die Pelze lagern«, antwortete Lilou.

Joanna verstand. Das Fell und das Album dienten als Druckmittel. So konnten sie vielleicht doch noch das Lager finden. Wenn das funktionierte, dann war der Abend am Ende erfolgreich gewesen.

»Okay!«, räumte Finn ein. »Und wenn Catherine fragt, wo wir die Fotos und das Fell herhaben?«

»Wir sagen: aus einer guten Quelle.« Joanna hatte mal wieder eine ganz pragmatische Lösung parat. Wie immer: Wenn es um die Erreichung ihrer Ziele ging, war Joanna in der Wahl ihrer Mittel nicht zimperlich.

Das einzig wirklich Gute an dem Abend war, dass sie bestens in der Zeit lagen. Nur 55 Minuten nachdem Jean und Lilou sie abgeholt hatten, wurden sie von ihnen wieder vor der Tür des Hotels abgesetzt.

Joanna und Finn liefen hoch in ihr Appartement-Zimmer, wo ihr Vater bei einem Gläschen Wein im Sessel saß und ein Buch las.

»Na?«, fragte er. »War es aufregend, mit dem Hund Gassi zu gehen?«

»Geht so!«, antwortete Joanna lässig und zwinkerte ihrem Bruder zu.

»Also, ich fand schon«, gestand Finn.

Aber sein Vater bezog die Aussage natürlich nicht auf das, was er tatsächlich erlebt hatte.

»Gut!«, sagte er. »Dann putzt eure Zähne und danach schnell ins Bett. Und kein Wort zu Mama, dass ihr mitten in der Nacht um den Block gehen durftet. Das bleibt unser Geheimnis!«

»Oh ja!«, versicherte Joanna. »Das bleibt es!«

Eine ganze Weile noch konnte Finn wegen der aufregenden Nacht nicht einschlafen. Aber dann fielen ihm doch irgendwann die Augen zu. Das war auch gut so. Denn ein weiterer ereignisreicher Tag stand ihnen bevor.

Am nächsten Morgen tauchten Jean und Lilou wieder rechtzeitig im Frühstücksbistro auf. An ihrer Seite Victor. Lilou trug eine Tasche mit dem Fell und dem Album über der Schulter.

»Wir ge'en zu Catherine!«, eröffnete sie ihnen. »Kommt ihr mit?«

Was für eine Frage! Selbstverständlich wollten Joanna und Finn mit. Finn allerdings erst nach dem Frühstück, das der Kellner gerade auf den Tisch gestellt hatte. Er hatte noch nicht ein einziges Mal von seinem Baguette mit Orangenmarmelade abgebissen.

»Wir essen erst auf!«, stellte er klar, bevor Joanna aufspringen konnte und aus seinem Frühstück wieder nichts wurde.

»Um zehn Uhr wir treffen sie an die Pont Neuf«, berichtete Lilou.

Finn sah auf die Uhr. Das war in einer Viertelstunde!

»Och nö!«, jammerte er. »Wie weit ist denn dieses Po Nöff?«

»Dieses?«, mokierte sich Joanna. »Mann, das ist die älteste Brücke von Paris!«

»Aha!« Finn biss ein großes Stück vom Baguette ab. »Und da wurden früher Schweine verkauft, oder wieso heißt die Brücke Nöff wie nöff nöff?«

Joanna verdrehte die Augen. »Sag mal, hast du überhaupt ein einziges Mal in den Reiseführer geschaut?«

Finn biss schnell noch ein zweites Mal von seinem Baguette ab und trank einen großen Schluck Orangensaft.

»Pont Neuf heißt Neue Brücke!«, dozierte Joanna.

Finn gelang der dritte Bissen. »Nee, is klar«, antwortete er mit vollen Backen. »Die älteste Brücke von Paris heißt *Neue* Brücke. Ist ja vollkommen logisch.«

»Du hast echt keine Ahnung, Mann«, schimpfte Joanna. »Natürlich war auch die älteste Brücke von Paris irgendwann mal neu. Heute ist sie DER romantische Treffpunkt für Verliebte. Ähnlich wie die Seufzerbrücke in Venedig oder die Karlsbrücke in Prag.«

»Na toll!« Vierter Bissen. »Eine Brücke für Verliebte darf man natürlich nicht verpassen.«

»Genau!«, bestätigte Joanna, obwohl Finn es nur ironisch gemeint hatte.

»Wir müssen los, les gars«, mahnte Lilou. »Wir wollen nicht kommen zu spät. Sonst Catherine 'aut ab!«

Finn schob sich den letzten Bissen Baguette in den Mund.

»Wieso?«, fragte er kauend. »Ich bin fertig. Wollen wir?«

Joanna schaute auf ihr Baguette, das sie vor lauter Gerede noch nicht einmal angerührt hatte.

»Okay!«, seufzte sie. »Ich nehme meines mit!«

Als sie zwanzig Minuten später die Brücke erreichten, verschlug es Finn die Sprache. Er hatte ja schon davon gehört, dass Verliebte nicht immer so recht bei Sinnen waren und alberne Dinge taten. Zum Beispiel Vorhängeschlösser an Zäune oder Brücken zu verankern und den Schlüssel anschließend fortzuwerfen.

Aber die Pont Neuf übertraf alles, was Finn je gesehen hatte. Er schätzte die Zahl der bunten Vorhängeschlosser an der Brücke auf eine Million oder so.

Ansonsten war die Pont Neuf eine nicht besonders schöne Brücke. Grau, schmutzig, mit ein paar alten Laternen und einem Reiterstandbild. Kein Vergleich zu der Karlsbrücke mit ihren zahlreichen Statuen, fand Finn. Aber Joanna klärte ihn auf, dass die Berühmtheit dieser Brücke unter anderem von einem Kinofilm herrührte, der vor einigen Jahrzehnten mal in den Kinos lief: »Die Liebenden von Pont Neuf«. Wieder etwas, was Finn nicht die Bohne interessierte.

Nun also sollten sie Catherine hier treffen. Nur: Wo steckte sie?

»Hast du auch gerade so ein Déjà-vu?«, fragte Joanna ihn da plötzlich.

»Was für 'n Ding? Ein Deschawü? Nee, ich hab nix bei mir außer mein Smartphone«, antwortete Finn und erntete wieder einen genervten Blick von seiner Schwester.

»Déjà-vu heißt so viel wie *schon gesehen*«, erklärte seine Schwester. »So nennt man es, wenn man das Gefühl hat, eine Situation genau so schon mal erlebt zu haben!«

»Ach so, sag das doch gleich«, beschwerte sich Finn. »Und? Warst du schon mal hier auf der Pont Neuf?«

Joanna schüttelte den Kopf. »Nein, aber in Berlin. Da waren wir auch auf einer Brücke, als wir vergeblich auf Sandra gewartet haben. Und dann haben wir von der Brücke aus gesehen, wie ihr Vater überfallen wurde!«

Finn nickte. Daran erinnerte er sich sehr gut. »Das war echt heftig. Ich glaube aber nicht, dass wir gleich sehen werden, wie Catherines Vater, der Zoohändler, überfallen wird.«

»Nee, das glaube ich auch nicht«, stellte Joanna klar. »Ich meine nur. Von Catherine keine Spur. Da kam mir das in den Sinn.«

»Wir sind zu spät!«, bedauerte Lilou, mit einem leicht vorwurfsvollen Ton und einem Blick Richtung Finn.

»Hey!«, verteidigte der sich sofort. »Ich war fertig mit meinem Frühstück!«

»Und jetzt?«, fragte Joanna.

Da sah Finn sie kommen. »Da vorn ist sie!«

Tatsächlich kam Catherine aus einer Seitenstraße angetippelt. Sie sah so aus, wie man die Models aus dem Fernsehen kannte. Stark geschminkt mit einer sehr figurbetonten Kleidung, die ihr nicht stehen würde, wenn Catherine irgendwo auch nur ein Gramm Fett zu viel auf den Rippen gehabt hätte. Was sie selbstredend nicht hatte. Auf Finn wirkte diese Catherine, als wäre sie soeben vom Monitor einer Photoshop-Bearbeitung gesprungen. Alles an ihr sah perfekt aus. Gern hätte er für seine Mitschüler ein Foto von ihr gemacht. Aber er fürchtete den Ärger, den er mit seiner Schwester bekommen würde. Also ließ er das Smartphone in der Tasche.

Auch Joanna entging Catherines Aufzug nicht.

»Wie sieht die denn aus?«, fragte sie leise in die Runde. »Als ob sie gleich einen Fototermin hätte und nicht ein Treffen mit uns.«

Die Mienen von Lilou und Jean verfinsterten sich. Daran erkannte Finn, wie sehr auch ihnen Catherines Aufzug missfiel. Sie bildeten mit ihren schwarzen Gothic-Outfits allerdings auch das krasse Gegenteil zu Catherine, die in schickster Sommermode gekleidet war.

Obwohl Catherine mit einem freudestrahlenden Lächeln, das zu jeder Werbeanzeige gepasst hätte, auf die vier zuschwebte, hielt Lilou sich nicht mit einer Begrüßung oder Höflichkeitsfloskeln auf. Offenbar hatte sie Catherine über Sinn und Zweck dieses Treffens im Unklaren gelassen. Doch nun hielt sie sich einfach das Fotoalbum vor die Brust und öffnete es. Gleich als Erstes zeigte sie das Nacktbild von Catherine.

Die stoppte, als wäre sie gegen eine Wand gelaufen.

Sie starrte auf das Bild und stieß einen entsetzten Laut auf Französisch aus, den Finn nicht verstand und von dem er annahm, dass er auch in keinem seriösen Wörterbuch zu finden sein würde.

Sofort setzte ein heftiger Dialog zwischen den beiden Mädchen ein, von dem Finn und Joanna nur ahnen konnten, worum es ging. Was allerdings nicht allzu schwer war. Lilou konfrontierte sie mit den bekannten Vorwürfen. Catherine stritt offenbar nach wie vor alles ab. Was Lilou zwischendurch kurz auf Deutsch bestätigte: »Sie sagt immer noch, es wäre alles Kunstfell!«

Jean zog den Pelz des Schneeleoparden aus der Tasche und hielt ihn Catherine direkt vor die Nase. Dazu fragte er etwas in scharfem Ton, was wohl so viel hieß wie: »Das ist also Kunstfell?«

Lilou zeigte dazu auf die Fotos, auf denen Catherine genau diesen Pelz trug.

Doch Catherine ließ sich noch immer nicht zu einem Geständnis hinreißen. Sie schüttelte nur den Kopf und behauptete, die Pelze in Jeans Hand und auf dem Foto seien nicht dieselben. So weit hatte Joanna das verstanden und übersetzte es für Finn.

Lilou quiekte wütend auf und fauchte Catherine an. Für Finn klang das eindeutig nach der Frage, ob Catherine sie verarschen wollte. Und er bedauerte sehr, dass er die französischen Worte nicht verstanden hatte. Gern hätte er gewusst, was »verarschen« auf Französisch hieß.

Doch statt alles zuzugeben und zur Entschädigung und Entschuldigung wenigstens zu verraten, wo die Pelze lagerten, wehrte Catherine weiterhin jeden Vorwurf von sich ab. Sie gab sich immer noch als unschuldig und drehte den Spieß sogar um. Nun giftete sie Lilou und Jean an, weil sie ihr nachspionierten, ihr Modelalbum gestohlen hatten und ins Modeatelier eingebrochen waren. Sie beschimpfte sie als Kriminelle. Außerdem sei es eine Unverschämtheit, sowohl ihre geschäftlichen als auch ihre privaten Modelfotos herumzuzeigen. Denn das, was Lilou da in Händen hielt, sei ihr privates Fotoalbum, das ihr Freund exklusiv für sie erstellt hätte.

Als wäre das alles noch nicht genug, kündigte Catherine an, Jean und Lilou wegen Diebstahls und Eingriff in ihre Privatsphäre anzuzeigen. Die beiden könnten sich schon mal auf eine saftige Geldstrafe gefasst machen.

Von alldem verstanden Joanna und Finn natürlich kein einziges Wort. Erst später erfuhren sie, was Catherine gesagt hatte. Nachdem diese wutentbrannt die Pont Neuf wieder in die Richtung verlassen hatte, aus der sie gekommen war. Erst einen Augenblick später fühlte sich Lilou imstande zu wiederholen, was Catherine ihnen an den Kopf geworfen hatte.

»Aber …« Joanna konnte es auch nicht fassen. »Das ist alles erstunken und erlogen. Die Beweise sind doch eindeutig.«

»Oui«, sagte Lilou und nickte. »Et non!«

»Oui und non?«, fragte Finn.

»C'est exact«, wiederholte Lilou. »Die Beweise sind klar. Für uns! Für die Polizei nischt. Wir 'aben nur Vermutungen wegen wenige … wie 'eißt dies … 'inweisen.«

»Wir haben Indizien, aber keine Beweise«, fasste Joanna zusammen. Sie hatte das schon mal in einem Krimi gelesen.

»Hä? Was?«, ereiferte sich Finn. »Indizien? Beweise? Ein Reinfall war das. Und zwar volle Kanne! Die Alte hat uns verarscht!«

Vielleicht, dachte er, würde Lilou seine Worte aufgreifen, und dann würde er doch noch erfahren, was das Wort auf Französisch hieß.

Doch Lilou tat ihm nicht den Gefallen. Stattdessen ließ sie resigniert die Schultern hängen und jammerte: »Nun wir wissen nischt mehr weiter.«

Doch da hatte sie nicht mit Joanna gerechnet. Finn kannte seine Schwester zu gut. Aufgeben? Das Wort existierte für Joanna überhaupt nicht. Oft genug hatte er schon darunter zu leiden gehabt. Nun aber stand er ja ausnahmsweise mal auf ihrer Seite.

Und schon legte Joanna los.

»Ihr wollt doch nicht etwa aufgeben!«, rief sie empört. »Jetzt, so kurz vor dem Ziel.«

Aber die Bereitschaft, nicht aufzugeben, war das eine. Entscheidend war, dass man dann auch eine Idee brauchte, wie es weitergehen sollte. Lilou, Jean und Finn schauten Joanna zweifelnd an. Sie sahen keine Lösung und erwarteten deswegen auch nicht viel.

»Habt ihr gesehen, wie die sich aufgebrezelt hatte?«, fragte Joanna in die Runde.

»Brezel?« Lilou zog fragend ihre Augenbrauen in die Höhe.

Joanna musste lachen. »Sie war zurechtgemacht«, versuchte Joanna zu erklären. »Sehr stark geschminkt. Professionell geschminkt, meine ich. Man hätte sie direkt so fotografieren können für einen Katalog oder so.«

Es kam kein Widerspruch. Die anderen drei hatten das ebenso beobachtet.

»Kennt ihr das von früher?«, fragte Joanna bei Lilou nach. »Ist sie so schon öfters mal zu Treffen mit euch gekommen oder zu Sitzungen der Tierschutzorganisation? Oder in die Schule?«

Lilou verneinte. Catherine wäre zwar dafür bekannt, dass sie sich gern schicke Kleider anzog und sich auch gern schminkte. Aber nicht so, lautete die Antwort. Sondern eher so, wie ganz normale Jugendliche es eben oft machten. Bezahlbare Kleidung aus Allerwelts-Boutiquen in den Einkaufsstraßen, normale Kosmetik aus der Drogerie.

»Eben!«, fühlte Joanna sich bestätigt.

Finn stöhnte schon auf. Solche »Mädchenthemen« langweilten ihn zu Tode. »Also, wenn ihr mich fragt …«

Aber Joanna ließ sich vom genervten Blick ihres Bruders nicht aus der Ruhe bringen. »Dann kann die sich gar nicht so schminken, wie sie geschminkt war. Da war eine professionelle Visagistin am Werk!«

Lilou zog nun nur noch eine Augenbraue hoch. Sollte heißen: Worauf willst du hinaus?

»Ich denke«, fuhr Joanna fort, »Catherine hatte kurz vor unserem Treffen einen Fototermin. Oder sogar jetzt erst, nach dem Treffen. Vielleicht ist sie nur kurz zwischen Visagistin und Fotoshooting zu uns rausgekommen. Das heißt, ihr Shooting findet ganz in der Nähe statt!«

Lilou wurde hellhörig und übersetzte Joannas Theorie für Jean. Auch Finn war mittlerweile sehr gespannt, worauf seine Schwester hinauswollte. Denn ganz sicher ging es nicht mehr nur um »Mädchenthemen«.

»Wir haben im Modeatelier nur *einen* Pelz gefunden«, fasste Joanna weiter zusammen. »Und in dem Fotoalbum trägt sie auch lediglich drei verschiedene Pelze. Darunter möglicherweise zwei, die tatsächlich nur Kunstfelle sind. »Wenn es aber einen ganzen Lkw voller Pelze gibt, dann müssen die ja für die Kunden auch irgendwann mal fotografiert werden. Und ich vermute, dieses *irgendwann* ist gerade jetzt. Irgendwo hier, unmittelbar in unserer Nähe.«

»Oui, tu as raison!«, rief Lilou aus. »Du 'ast rescht!«

»Und woher wissen wir, wo genau?«, hakte Finn ein.

Doch in dem Moment, da er die Frage ausgesprochen hatte, kam ihm selbst die Idee. Alle vier schauten auf Victor, der sich vor lauter Langeweile gerade anschickte, sich an Jeans Bein zu klammern.

Showdown!

Lilou zog zweimal kurz, aber heftig an Victors Leine, um sich seiner Aufmerksamkeit zu vergewissern. Dann hielt Jean dem Hund das Fell vor die Nase, während Lilou den Befehl zum Suchen gab. Sie wussten ja, wie gut seine Qualitäten als Spürhund waren.

Victor machte gleich mit. Hörbar schnupperte er an dem Pelz, bellte einmal kurz, und schon zog er, mit der Nase auf dem Asphalt voran, Lilou heftig an der Leine hinter sich her.

»Wow! Der zischt aber ab!«, bemerkte Finn anerkennend.

»Klar!«, antwortete Joanna. »Catherines Geruch ist ja auch ganz frisch und übermäßig präsent, weil sie gerade noch hier stand. Diese Spur würde selbst der trägste Hund finden.«

Die Pont Neuf endete an einer breiten, viel befahrenen Straßenkreuzung. Lilou hatte große Schwierigkeiten, den Hund an der Ampel zum Stillsitzen zu bringen. Victor schien förmlich die Nase zu brennen, so heiß musste für ihn die Spur sein, die er verfolgte.

Die Fußgängerampel sprang auf Grün, und kaum gab Lilou das Zeichen für »Weiter!«, da zischte Victor erneut ab. Lilou hätte sich um ein Haar der Länge nach auf die Nase gelegt. Gerade eben konnte sie sich noch auffangen und dem Hund hinterherlaufen. Was sie sicher völlig außer Atem gebracht hätte, wenn der Weg nicht so kurz gewesen wäre.

Aber nur zwei Straßen weiter, in der Rue Baillet, hielt Victor an. Er schnüffelte an einer der vielen heruntergelassenen Rollläden, die die Straße aussehen ließen wie eine Galerie von Garagentoren, und bellte zweimal kurz, aber unüberhörbar.

»Hier?«, fragte Joanna.

Lilou nickte.

»Und jetzt?«, fragte Finn.

Joanna schaute ihren Bruder an, als wollte sie sagen: »Gute Frage, Kleiner.« Aber sie antwortete nur: »Jetzt erst mal ruhig Blut. Und genau überlegen, was wir tun.«

»Was sollen wir schon tun?«, fragte Finn. »Wir müssen dort hinein, bevor die wieder abhauen und wir Beweise sicherstellen können.«

»Und wie willst du die Beweise sicherstellen?«, fragte Joanna bissig zurück. »Denk doch mal an die Security in den Boutiquen und bei der Modenshow. Die lassen Millionenwerte doch nicht einfach so achtlos herumliegen! Wir müssen unbemerkt hinein, die Pelze finden, fotografieren und die Polizei rufen.«

»Das ist doch schon einmal schiefgegangen!«, erinnerte Finn sie.

Da musste Joanna ihm allerdings recht geben. Trotzdem sah sie es als falsch an, jetzt einfach in das Fotoatelier zu stürmen.

»Wie willst du denn dort unbemerkt hinein? Den Rollladen hochzuschieben, das macht doch einen Höllenlärm. Und einfach klingeln und Guten Tag sagen können wir auch nicht.«

Auf bloßen Verdacht hin konnten sie auch die Polizei nicht alarmieren. Sie brauchten zuerst einige Beweise. Und zwar mehr als beim ersten Mal.

Jean zeigte hinauf in den ersten Stock. Dort, über den »Garagentoren«, waren die Fenster wie verbarrikadiert. Die meisten schienen gar keine Glasscheiben zu haben. Dafür waren die Fensteröffnungen mit einfachen Holzplatten zugenagelt. Manche dieser verschlossenen Fenster waren noch zusätzlich mit halbhohen Gittern gesichert. Dies ließ darauf schließen, dass es hier früher einmal Balkontüren gegeben hatte. Die gesamte Hausfassade war auf diese Weise verschlossen. Offenbar ein leer stehendes Haus, das vielleicht irgendwann einmal renoviert werden sollte. Nun aber sollte es erst einmal vor fremden Eindringlingen, die vielleicht ein Nachtlager suchten, geschützt werden.

Und doch schien sich hinter den Barrikaden einiges abzuspielen. Victors Gebell jedenfalls wies eindeutig darauf hin. Jean zeigte in den ersten Stock, wo eines der verrammelten Fenster halb offen stand.

»Da will er rein?«, fragte Joanna.

Lilou nickte.

Jean lächelte kurz und entschlossen. Und Joanna schmolz erneut dahin.

Finn verdrehte wiederum die Augen, bevor er sagte: »Okay: Feuerleiter!«

Er bückte sich halb hinunter und verschränkte die Finger zu einer festen Stufe. Jean ließ sich sofort darauf ein. Er stellte seinen rechten Fuß in Finns Hände und nahm Schwung, um sich abzustützen und hochhieven zu lassen.

Doch kaum hatte Jean den linken Fuß angehoben, sank Finn ächzend in die Knie, ließ Jeans rechten Fuß durchrutschen und fiel zu Boden.

»Au!«, schrie er auf. »Mann, ist der schwer!«

Jean schaute Finn verständnislos an und sagte etwas auf Französisch, das Lilou übersetzte mit: »Das Kind ist zu schwach!«

Joanna kicherte.

Finn sprang wutentbrannt auf. »Das Kind ist zu schwach? Der hat sie wohl nicht mehr alle!«

Lilou hielt ihn zurück. »Pst! Pst! Langsam, kleine Mann. *Isch* versuche es.«

Finn presste verärgert die Lippen zusammen und schaute zu, wie Lilou nun die Feuerleiter mit den Händen formte.

Jean stieg ein, stützte sich ab und nahm Schwung. Lilou hielt dem Gewicht ihres Bruders stand und schob ihn weiter in die Höhe, während der mit ausgestreckten Armen das Gitter zu fassen bekam. Das genügte. Den Rest erledigte er ohne weitere Hilfe. Er zog sich an dem Gitter hoch, war im Nu über das Geländer geklettert und gebückt durch das halb geöffnete Fenster geschlüpft.

»Er ist drinnen!«, freute sich Lilou.

»So macht man das, ›kleine Mann‹!«, kicherte Joanna.

Finn winkte ab. »Brauchst dich gar nicht über mich lustig zu machen! Sag lieber mal, wie es jetzt weitergehen soll.«

Finns Frage war berechtigt. Denn einen richtigen Plan hatten sie nicht. Sie wussten nicht einmal, ob und wie Jean innen unbemerkt vom ersten Stock ins Erdgeschoss gelangen konnte. Oder ob die Fotoaufnahmen nicht vielleicht doch im zweiten oder dritten Stock gemacht wurden.

Doch das sollten sie schneller erfahren, als ihnen lieb war. Denn plötzlich schaute Jean wieder oben aus dem Fenster heraus und winkte die drei zu sich.

»Was?«, stotterte Finn. »Wir sollen …?«

Lilou formte bereits wieder eine Feuerleiter mit den Händen und hielt sie ihm hin.

»Aber …?«, wollte Finn einwenden.

Doch seine Schwester stieß ihn an. »Nun mach schon!«

Noch einmal öffnete Finn seinen Mund zum Widerspruch. Doch dann sah er ein, dass er zwecklos gewesen wäre. Also stieg er seufzend mit dem Fuß in die gefalteten Hände, ließ sich hochhieven und reckte die Arme zu Jeans Händen, die dieser hinunterreichte.

Schneller und leichter, als Finn befürchtet hatte, gelang es auch ihm, über das Geländer und durch das halb offene Fenster in das fremde Gebäude einzudringen. Joanna folgte und am Schluss kam Lilou auf eigene Faust nach. Denn die hatte ja niemanden mehr, der ihr eine Feuerleiter anbieten konnte.

Lilou hatte ihre eigene Art, den ersten Stock zu erreichen. Nachdem sie Victor an einen Laternenpfahl gebunden hatte, wechselte sie hinüber zur anderen Straßenseite, um Anlauf zu nehmen. Sie rannte los, sprang hoch und landete mit dem rechten Fuß ungefähr auf Kopfhöhe an der Wand. Dann lief sie durch den Schwung zwei, drei kurze, schnelle Schritte die Wand hinauf, sodass sie eben mit den Händen das untere Stück des Gitters zu fassen bekam. An dem hangelte sie sich nun flink und geschickt hoch, bis sie unter den Füßen etwas Halt bekam und übers Geländer sprang.

»Nicht schlecht!«, lobte Finn anerkennend. Er hatte so eine Technik mal bei Parcours-Sportlern auf YouTube gesehen.

Jean klatschte zufrieden mit ihr ab. Dann ging er voran ins dunkle Innere des verlassenen Hauses. Das alte Haus besaß einen morschen Holzfußboden, der bei jedem Schritt verräterisch laut knarrte.

Zuerst hielt Jean still, überlegte wohl, ob es eine Alternative gab, sich anders fortzubewegen als über diesen knarrenden Boden. Doch dann merkte auch er, dass sie keine andere Möglichkeit hatten. Sie mussten das Risiko eingehen, gehört zu werden. Der einzige Vorteil an dem morschen Boden und der ebenso knarrenden Treppe lag darin, dass sie andere auch ebenso deutlich hören konnten.

So wie jetzt. Da kam ohne Zweifel gerade jemand die Treppe hinauf. Direkt ihnen entgegen. Sie mussten sich schnellstens irgendwo verstecken. Aber wo?

Sie standen in einem leeren Raum, soweit sie es durch das fahle Licht erkennen konnten, das durch das halb offene Fenster einfiel. Hier gab es nicht die kleinste Möglichkeit, sich zu verstecken: keine Schränke oder sonstigen Möbel, keine Gardine, keine Kisten oder Kartons. Einfach nichts. Der Raum war leer.

Die Schritte auf der Treppe wurden schneller und lauter.

War es Zufall, dass da jetzt jemand hochkam? Oder hatte sie jemand gehört, der jetzt hier oben nach dem Rechten sehen wollte? Jean und Lilou flüsterten sich aufgeregt etwas auf Französisch zu.

»Was haben sie gesagt?«, fragte Finn.

Doch auch Joanna hatte nichts verstanden.

Lilou zeigte nun mit Mimik und Gestik an, dass sie sich ruhig verhalten sollten. Die vier verteilten sich zu beiden Seiten des türlosen Durchgangs, pressten sich an die Wand und hielten den Atem an. Links Joanna und Lilou, rechts Finn und Jean. Dieser war bereit, den Eindringling von hinten anzugreifen, sobald er den Durchgang passiert hatte.

Die Schritte hatten die erste Etage erreicht. Deutlich konnte Finn hören, wie sie an ihrem offenen Durchgang vorbeigingen. Langsam, zögerlich. So, als hörte sich jemand aufmerksam um, weil er meinte, ein Geräusch wahrgenommen zu haben. Zu früh also, um durchzuatmen. Finn hielt weiter den Atem an. Jean hob langsam die Arme und ballte beide Hände zu einer Doppelfaust, die er dem Fremden wohl von hinten auf den Schädel schmettern wollte, wenn der es wagen sollte, hier hineinzukommen.

Doch er kam nicht. Die Schritte zogen langsam vorbei. Die vier blieben trotzdem regungslos stehen und warteten.

Finn hörte, wie ein Schlüssel in ein Schloss gesteckt und die Tür geöffnet wurde. Eine schwere Tür musste es sein. Denn mit einem lauten Rums fiel sie wieder ins Schloss. Die anderen hatten die Geräusche ebenso gedeutet wie er. Denn nun rührte sich Jean, steckte den Kopf hinaus in den Flur und schaute, woher das Geräusch gekommen war.

Nach ihm trauten sich auch die anderen, sich zu bewegen. Noch immer war es dunkel. Sowohl in dem leeren Raum als auch draußen im Flur. Offenbar hatte der Fremde eine Taschenlampe benutzt, um sich den Weg auszuleuchten. Obwohl Finn keinen Lichtschein gesehen hatte. Aber ohne Lampe war es kaum möglich, einen Schritt vor den anderen zu setzen.

Deshalb sahen sie die Tür auch erst jetzt, nachdem Lilou mit der Taschenlampenfunktion ihres Smartphones die Umgebung ausgeleuchtet hatte.

Am Ende des Flures entdeckten sie die Tür. Tatsächlich schien sie, wie Finn vermutet hatte, aus schwerem Metall zu sein. Eine moderne, saubere, intakte Tür, die so gar nicht in dieses alte, heruntergekommene Haus passte. Es war unübersehbar: Hier nutzte jemand ein altes, baufälliges Stadthaus, das alle für leer hielten, ganz offensichtlich als gut verstecktes und gesichertes Lager. Für die vier keine Frage, was hier aufbewahrt wurde: die Millionen Euro teuren Pelze. Sie waren auf der richtigen Spur!

Jean flüsterte seiner Schwester etwas zu. Die übersetzte für Finn und Joanna: »Wir sollten warten, bis diese Mann zurückkehrt und 'inuntergeht.«

Joanna nickte.

»Und dann?«, wollte Finn wissen.

»Dann Jean möschte probieren zu öffnen das Tür. Wir glauben, darin sich befinden die Pelze.«

»Ja, glaube ich auch«, stimmte Joanna zu.

»Okay!«, sagte Finn. Er war froh, dass sie sich weiter verstecken sollten, bis der Mann wieder fort war. Alles war besser, als hier im Dunkeln herumzuschnüffeln und sich mit hoher Wahrscheinlichkeit erwischen zu lassen, fand er.

Die vier staksten langsam, mit vorsichtigen Schritten zurück in den leeren Raum. Dabei verursachten sie nach wie vor mit jedem Tritt auf den Holzboden ein lärmendes Knirschen.

Kaum hatten sie sich an den Wänden wieder in Position gestellt, öffnete sich erneut die Metalltür. Was die vier nur dem Geräusch nach vernahmen. Sehen konnten sie von ihrer Position aus nichts mehr.

Mit einem Mal stockte Finn der Atem. Sein Herz schlug Purzelbäume und sein Puls jagte hoch bis zum Anschlag. Der Lichtkegel einer Taschenlampe wanderte in ihren Raum, tänzelte über den Boden, die gegenüberliegende Wand hoch, dann quer übers halb offene Fenster, blieb in den Ecken des Zimmers stehen, leuchtete dort von oben bis unten alles ab und wanderte zurück zu seinem Besitzer in den Flur.

Jean hatte vorsorglich wieder die Arme gehoben und die Doppelfaust bereit zum Zuschlagen geformt.

Finn wagte nicht, sich zu rühren. Sein Atem stand still und außer seinen zitternden Beinen, gegen die er machtlos war, bewegte sich nichts an seinem Körper.

Dann war der Lichtkegel wieder verschwunden. Die Schritte wanderten die Treppe hinunter. Wenige Sekunden später herrschte Stille.

Finn pustete laut aus und atmete tief durch. »Scheiße, war das knapp!«, hauchte er.

Jean vergeudete keine Zeit. Im Dunkeln flitzte er um die Ecke, auf die Tür zu. Erst dort leuchtete er mit seinem Smartphone, um sich das Schloss der schweren Tür anzusehen. Wieder sagte er etwas auf Französisch.

»Nicht verschlossen«, übersetzte Lilou. Die Verwunderung in ihrer Stimme war nicht zu überhören.

Auch Finn staunte darüber, erinnerte sich aber nun auch, auf dem Rückweg des Fremden das Schlüsselgeräusch nicht mehr gehört zu haben.

Entweder fühlte der sich hier sehr sicher. Oder aber es war ihm zu mühsam, jedes Mal, wenn er etwas hinter der Tür zu tun hatte, diese wieder und wieder zu öffnen und abzuschließen. Das allerdings würde bedeuten, dass er wiederkommen würde. Vermutlich sogar mehr als einmal. Vielleicht hatte er nur einen Pelz zurückgebracht und einen zweiten für ein neues Foto geholt.

Joanna hatte offenbar den gleichen Gedanken wie Finn. Denn sie fragte plötzlich: »Wieso holt der immer nur einen Pelz und nicht gleich alle, die fotografiert werden sollen?«

»Wenn jemand sieht die Aufnahmen, so er sieht nur ein Pelz«, erklärte Lilou sich das Phänomen. »Nischt alle.«

Das leuchtete ein, fand Joanna.

Aber damit war klar: Ihnen blieb nicht viel Zeit, sich hinter der Tür umzusehen. Nicht länger als der Fotograf für ein paar Aufnahmen eines Pelzes brauchen würde. Zum Glück, so wusste Lilou, brauchten Modefotografen für ein einziges Bild erheblich länger als normale Porträtfotografen. Aber das konnte auch täuschen. Immerhin handelte es sich eher um einen Privatkatalog, der erstellt werden sollte. Und keinen Werbeprospekt in hoher Auflage. Dennoch: Lilou glaubte, dass ihnen genügend Zeit zur Verfügung stand.

Jean öffnete leise die Tür, schaute vorsichtig in den Raum dahinter und wartete einen Moment ab. Erst dann schaltete er erneut seine Taschenlampe an.

Und schreckte zurück.

So heftig, dass er seiner Schwester Lilou, die ihm dicht gefolgt war, auf die Füße trat. Lilou gelang es kaum, einen Schmerzschrei zu unterdrücken.

»Was ist los?«, fragte Joanna ängstlich.

»Pssst!«, forderte Jean. Dann flüsterte er Lilou aufgeregt etwas zu.

»Wartet!«, befahl sie daraufhin ihren beiden Gästen.

Nun verschwand Jean ganz hinter der Tür. Lilou folgte ihm und – Joanna und Finn standen mit einem Mal allein in dem dunklen Flur!

»Spinnen die?«, schimpfte Finn leise. »Das können die doch nicht machen! Ich ...«

Weiter kam er nicht.

Im selben Moment öffnete sich die Tür wieder einen Spalt, eine Hand schnellte heraus und zog Joanna in den Raum hinein. Diesmal schaltete Finn schneller. Geistesgegenwärtig schlüpfte er mit hindurch. Die Hand entpuppte sich als die von Lilou, mit der sie jetzt einen Finger vor ihren Mund schob.

»Pst!«, mahnte sie. »Was ihr jetzt werdet sehen, ist terrible ... äh ... schrecklisch. Aber ihr müsst bleiben ruhig. D'accord?«

»Okay!«, versprach Joanna.

Lilou drehte sich um und leuchtete mit ihrem Smartphone in den Raum hinein. Die Kinder schauten nicht etwa auf Pelze und Felle, sondern auf – Käfige! Prall gefüllte Käfige. Dort vegetierten Nerze, Waschbären und Chinchillas aufs Engste zusammengepfercht vor sich hin. Vor den Käfigen, die an einer Wand bis fast zur Decke gestapelt standen, entdeckte Finn einen verbeulten, schmutzigen Metalleimer, eine Schaufel und einen in sich zusammengefallenen Jutesack. Aus dem rieselte etwas heraus, das nicht besonders gut roch.

»Die wurden gerade gefüttert!«, vermutete Joanna.

»Das gibt's doch nicht!« Finn fehlten die Worte. So etwas hatte er noch nie gesehen. Im Vergleich zu dem, was er hier vorfand, lebten die Tiere in einer Zoohandlung wie im Paradies.

»So kann man doch nicht mit Tieren umgehen!«, entfuhr es Joanna.

Lilou nickte ihr zu. »Das nischt einmal für die Pelz'ändler ist normal. Sie 'aben keine lebenden Tiere. Vielleischt es wurde eine Farm geräumt, weil wir ihnen auf den … wie sagt man das? … auf den 'acken gelaufen sind?«

Joanna musste kurz überlegen. Dann erriet sie, was Lilou sagen wollte: »Auf den Fersen sind«, korrigierte sie.

»Oui!«, bestätigte Lilou. »Weil wir ihnen auf die Versen sind.«

»Und wie jetzt weiter?«, fragte Joanna. »Ruft ihr die Polizei?«

»Ja«, antwortete Lilou. »Das werden wir tun. Gleisch. Isch denke, wir finden noch mehr.«

In dem Moment ertönte von hinten eine tiefe männliche Stimme.

Finn schaute sich wie die anderen um und blickte – in einen Pistolenlauf! Er brauchte einen Moment, um zu begreifen, dass es tatsächlich real war. Da stand gerade wirklich ein Mann vor ihnen, der eine Waffe auf sie gerichtet hielt! Genau wie im Film. Aber dies war kein Film. Er sah in den Lauf einer echten Pistole!

Der Mann hatte den Finger am Abzug. Was, wenn die Waffe losging? Vielleicht nicht einmal absichtlich, einfach nur durch eine nervöse Zuckung seines Zeigefingers? Sofort hob Finn die Hände. Vielleicht steckte der Mann die Waffe ein oder hielt sie zumindest zu Boden, wenn er sah, dass sie sich freiwillig ergaben?

Aber er war der Einzige. Joanna war erstarrt und blickte ängstlich den Mann an. Lilou und Jean sahen eher verärgert und wütend aus als ängstlich. Lilou fluchte sogar vor sich hin, während Jean dastand, als wollte er jeden Moment auf den bedrohlichen Mann zuspringen.

Was tat Jean denn da, dachte Finn. Der sorgte noch dafür, dass die Waffe losging. Meine Güte, wieso ergab er sich nicht?

Finns Knie begannen zu schlottern. Er merkte, wie er kurzatmig wurde und sich kalter Schweiß auf seiner Stirn bildete. Er kannte das. Genau so ein Gefühl bekam er immer, wenn ihm Blut abgenommen wurde oder man ihm eine Spritze verpasste, was zum Glück erst zweimal in seinem Leben vorgekommen war. Beide Male aber war er fast ohnmächtig geworden. Die Krankenschwestern hatten das jedes Mal nur verhindern können, indem sie ihn sofort auf eine Liege gelegt und ein Kissen unter seine Füße gesteckt hatten.

Finn merkte, wie ihm schwummerig wurde. Gleich würde er zusammensacken. Was würde der Mann denken, wenn Finn hier vor seinen Augen zu Boden fiel? Würde er dann nervös werden und losballern? Finn dachte ... gar nichts mehr. Er atmete schwer, ihm wurde schwarz vor Augen. Dann – nichts mehr.

Gefangen wie die Tiere

Finn hörte Stimmen. Fremde Stimmen, die ihm dennoch vertraut erschienen. Worte, die er nicht verstand, die ihm aber trotzdem bekannt vorkamen. Eine andere Sprache. Französisch. Dann eine sehr bekannte Stimme. Die seiner Schwester.

»Er wacht auf«, sagte sie.

Hatte er geschlafen? Wieso? Wie spät war es? Und wo war er?

Er öffnete die Augen und sah zunächst verschwommen, dann immer klarer das Gesicht seiner Schwester, die sich über ihn gebeugt hatte. Er lag aber nicht in einem Bett. Sondern auf einem kalten Boden. Er hob den Kopf, sah zwei Jugendliche und erinnerte sich: Lilou und Jean. Nun wusste er auch wieder, was geschehen war. Er war ohnmächtig geworden. Aus purer Angst vor dem Mann mit der Pistole. Finn zuckte kurz zusammen. War der Mann noch hier? Finn wollte aufspringen. Joanna hielt ihn zurück.

»Es ist alles gut«, sprach sie beruhigend auf ihn ein.

Alles gut? Wieso lag er dann noch auf dem Boden?

»Wo sind wir?« Um ihn herum stapelten sich Tierkäfige. Also

befanden sie sich immer noch in dem Raum, in dem der bewaffnete Mann sie erwischt hatte.

»Er ist weg«, versicherte Joanna. »Er hat uns eingeschlossen.«

Jetzt richtete Finn sich doch abrupt auf. »Eingeschlossen?«, fragte er. »Was ist daran gut?«

»Nichts«, gestand seine Schwester. »Aber immerhin ist der Typ mit der Pistole weg.«

Finn stand nun ganz auf. Er prüfte, ob er noch wackelig auf den Beinen war. Aber es schien alles in Ordnung zu sein. Der nasskalte Schweiß hatte sich ebenso verflüchtigt wie sein Schwindelgefühl.

»Was ist passiert?«, wollte er wissen.

»Nicht viel«, erklärte ihm seine Schwester. »Du bist ohnmächtig geworden. Der Mann hat sich aber nicht weiter um dich gekümmert. Er hat uns die Handys abgenommen, die schwere Tür von außen verschlossen und ist gegangen. Das war vor nicht einmal zwei oder drei Minuten.«

Finn begriff, in welcher Situation sie steckten. »Jetzt können wir keine Hilfe mehr rufen. Wir hätten gleich die Polizei anrufen sollen.«

»Danach man weiß immer besser«, entschuldigte sich Lilou. »Aber jetzt wir können den Raum durchsuchen.«

»Sollten wir nicht erst mal herausfinden, wie wir hier wegkommen?«, fragte Finn. »Ich meine, was werden die mit uns machen? Wir haben ihr Versteck entdeckt. Die können uns doch nicht laufen lassen!«

Er spürte, wie erneut Panik in ihm aufstieg.

Doch Lilou schüttelte den Kopf. »Bisher haben sie *nur* ...« Sie deutete mit den Fingern Anführungszeichen an. »... Tiere getötet. Noch keine Menschen.«

»Noch?«, fragte Finn entsetzt nach.

Lilou präzisierte ihre Vermutung: »Sie werden das Lager räumen. Und wenn wieder leer ist diese Raum, sie werden lassen laufen uns. Dann wir können nichts beweisen. Genau so wie bei leerem Lkw. Wir stehen wieder da mit leere 'ände.«

Jean hatte Lilous Worte nicht verstanden, wohl aber, was sie gemeint hatte. Er stieß einen entsetzlichen Fluch aus, von dem Finn gern gewusst hätte, was er übersetzt bedeutete.

»Kann Jean nicht die Tür öffnen?«, fragte Joanna. »Er kann doch so etwas.«

Lilou schaute ihren Bruder an, dann wieder Joanna und schüttelte den Kopf. »Es ist ein Schloss mit – wie sagt man das – zu große Sicher'eit.«

Joanna ließ resigniert den Kopf hängen. Und damit war für Finn klar: Sie hatten keine Chance. Wenn nicht einmal seine Schwester mehr eine Idee hatte.

Auch Lilou und Jean stierten mit hängenden Köpfen vor sich hin. Dann gab Jean mit Lilous Übersetzung zu verstehen: Das Einzige, was ihnen ihrer Meinung nach blieb, war, das zu tun, was sie von vornherein vorgehabt hatten: nach den Pelzen und weiteren Beweisen zu suchen.

Das taten sie auch und wurden schnell fündig. An einer Wand neben den Käfigen waren fünf Holzkisten gestapelt. In Ermangelung an Werkzeugen trat Jean so lange und so heftig gegen die unterste, bis das Holz zersplitterte. Jetzt konnte man die Seitenwand der Kiste herausreißen, um an den Inhalt heranzukommen. Jean zog ein großes Fell heraus. Und musste nichts weiter erklären. Alle vier erkannten sofort, worum es sich handelte: um den frischen Pelz eines Schneeleoparden! Sie hatten die illegal eingeführten Felle endlich gefunden!

»Schnell, ein Foto!«, rief Joanna. Doch dann fiel ihr wieder ein, dass sie ja keine Smartphones mehr besaßen.

Es war ein Jammer. Nun waren sie nach einer so langen und mühevollen Suche endlich am Ziel. Sie hatten die verbotenen Pelze gefunden, für die unter Artenschutz stehende Tiere sterben mussten. Und nun konnten sie mit ihrem Erfolg nichts anfangen, weil sie wie die Tiere in den Käfigen gefangen waren. Sie würden tatenlos zusehen müssen, wie die Pelzhändler die Kisten und Käfige abtransportieren würden.

Joanna trat wütend mit dem Fuß gegen die zerbrochene Kiste. Dann hielt sie inne. Sie begann auf der Unterlippe zu kauen und betrachtete nachdenklich die Kisten. Finn sah ihr an, wie sie über etwas nachdachte.

»Hast du etwa eine Idee?«, fragte er hoffnungsvoll.

»Ich weiß nicht«, antwortete Joanna ehrlich.

Sie ging einen Schritt auf die zerbrochene Kiste zu, blickte zu Jean und fragte: »Gibt es eine Chance, die anderen Kisten aufzubekommen, ohne sie kaputt zu machen?«

Lilou übersetzte ihm die Frage. Und Jean fragte zurück, weshalb Joanna das wissen wollte.

»Die Felle werden mit Sicherheit abgezählt sein«, begann Joanna ihren Plan zu erläutern. »Denn der Modedesigner musste ja jedes einzelne Fell bezahlen. Aber ich frage mich, ob diejenigen, die die Kisten hier heraustragen werden, die Anzahl der gelieferten Pelze kennen oder sich überhaupt dafür interessieren. Ich meine, das werden doch einfache Helfer des Modedesigners sein. Kistenschlepper, die keine Fragen stellen.«

So weit konnten Lilou, Finn und Jean Joanna folgen. Nur, was brachte ihnen diese Erkenntnis?

»Wenn wir aus jeder Kiste ein Fell herausnehmen und irgendwo verstecken – was weiß ich: unter unseren Shirts oder irgendwo hier im Raum – dann werden die Kistenträger das nicht sofort bemerken. Wir aber haben immer noch Beweismaterial, auch wenn die Kisten weg sind. Wir können dann später mit der Polizei wieder hierherkommen.«

»Keine schlechte Idee«, lobte Lilou.

Sie begann gleich, sich umzuschauen, konnte aber kein geeignetes Versteck finden. Jean versuchte bereits, sich ein Fell um den Bauch zu wickeln und sein Shirt drüberfallen zu lassen. Es klappte nicht. Plötzlich erschien er so dick, als hätte er innerhalb einer halben Stunde 20 Kilo zugenommen. Das war zu auffällig.

»Dann in den Käfigen«, schlug Joanna vor.

Finn jedoch widersprach: »Das bringt nichts. Die schleppen die Käfige doch auch raus!«

Mit einem verschmitzten Grinsen warf Joanna einen Blick auf die zertrümmerte Holzkiste. »Nicht, wenn die Käfige kaputt sind und die Tiere frei herumlaufen«, erklärte sie. »Dann werden sie sich nicht um die kaputten Käfige kümmern, sondern um die frei laufenden Tiere und entweder neue Käfige besorgen oder die alten noch voller stopfen. Aber wetten, dass sie die kaputten Käfige erst mal stehen lassen?«

Lilou war sich da nicht so sicher. Aber eine andere Möglichkeit, wenigstens etwas Beweismaterial sicherzustellen, sah sie auch nicht.

»Es ist vielleicht auch eine Möglichkeit zu entkommen«, überlegte Finn laut.

Allerdings nicht laut genug. Jedenfalls reagierten die Mädchen nicht auf seine Idee. Und Jean verstand ihn ja nicht. Vielleicht hatten sie seinen Vorschlag auch gehört, ihn aber nicht ernst genommen, weil er der Jüngste war?

»Was meint ihr?«, hakte Finn nach.

»Ja, ja«, fertigte Joanna ihn ab. »Du hast ja gehört, wir können nicht von hier fliehen …«

»Doch!«, unterbrach Finn sie. »Das meinte ich doch. Ich denke, wir haben eine kleine Chance zu fliehen.« Er zeigte auf die Käfige. »Wie viele Chinchillas mögen das sein? Hundert? Zweihundert? Wenn wir die alle freilassen und die Wächter hereinkommen, laufen die Tiere raus. Das gibt doch ein totales Chaos. Dieses Chaos können wir nutzen, um mit den Tieren nach draußen zu entwischen!«

Lilou schaute ihn verdutzt an. Man sah ihr richtig an, wie sie versuchte, sich das Szenario vorzustellen. Je mehr sie es tat, desto mehr hellten sich ihre Gesichtszüge auf.

»Es wäre möglisch«, sagte sie schließlich. »Es könnte funktionieren.«

»Klar könnte es das!«, rief Finn. Er hatte die stille Hoffnung, dass die anderen durch seinen tollen Plan vergessen würden, dass er aus Angst vor dem Pistolenmann umgekippt war.

»Wir befreien die Tiere und die Tiere befreien uns«, fasste Joanna lachend zusammen.

»D'accord!«, stimmte Lilou zu. »Einverstanden.« Sie übersetzte ihrem Bruder den Plan.

Der nahm ihn mit einem Lächeln zur Kenntnis. Dann nickte auch er: »D'accord!«

Glücklicherweise waren die Käfige zwar alle verriegelt, aber nicht verschlossen. Vermutlich weil die schwere Zugangstür genug Schutz bot. Die vier brauchten lediglich die kleinen Haken an den Käfigtüren zu entriegeln und die Türen zu öffnen. Das taten Lilou, Joanna und Finn nun auch mit Begeisterung. Während Jean daranging, die Kisten mit den Fellen so zu öffnen, dass sie möglichst nicht kaputtgingen. Dazu riss er von einem der Käfige den Verschlussriegel ab und nutzte ihn als Hebel zum Öffnen der Kistendeckel. Insgesamt zehn Felle versteckten sie in zehn verschiedenen Käfigen, während sie sämtliche Chinchillas freiließen.

Die kaninchenartigen Tiere ließen sich nicht zweimal bitten. Sie rasten hinaus, hoppelten ziellos durch den Raum und suchten verzweifelt nach einem Ausgang.

Als Joanna plötzlich wieder Schritte hörte.

»Da kommt jemand!«, warnte sie.

Alle gingen in Position. Wie zuvor in dem leeren Raum, stellte Jean sich kampfbereit hinter die Tür. Finn positionierte sich auf der anderen Seite. Er wollte als Erster den Überraschungsmoment nutzen und durch die Beine des Wächters hindurch nach draußen schlüpfen. Lilou und Joanna stellten sich in die Mitte des Raumes, die Tür im Blick, um den Wächter in Empfang zu nehmen und die Aufmerksamkeit auf sich zu ziehen. Hunderte Chinchillas wuselten im Raum umher.

Sie hörten, wie der Schlüssel von außen ins Schloss gesteckt und herumgedreht wurde. Die Tür öffnete sich langsam. Aber schnell genug, dass schon zwei Chinchillas, die sich dort gerade aufhielten, aus der Tür flitzten.

»Merde!«, entfuhr es dem verdutzten Wächter. Unwillkürlich riss er die Tür ganz auf.

Das war Finns Chance! Ohne weiter zu überlegen, sauste er los und verpasste dem Wächter einen kräftigen Stoß in die Seite, sodass der ein wenig zu Jeans Seite taumelte. Während weitere Chinchillas die Gelegenheit wahrnahmen, nach draußen zu schlüpfen, schlug Jean mit aller Kraft die Tür zu. Scheppernd donnerte sie an den Kopf des Wächters. Der sackte stöhnend zu Boden. Die Chinchillas hüpften über ihn hinweg und hoppelten hinaus.

Lilou und Joanna hatten sich mit Holzlatten der zertrümmerten Kiste bewaffnet und schmetterten sie nun auf den Schädel des Wächters nieder. Den Schlag zum endgültigen K.o. versetzte ihm Jean.

»Raus hier!«, rief Joanna.

Die vier rasten laut polternd die Treppe hinunter, an deren Ende sie vom verdutzten Fotografen empfangen wurden. Der wollte eigentlich nur nachschauen, warum oben so ein Lärm war.

Die vier hatten Glück. Der überwältigte Mann war tatsächlich der einzige Wächter in dem Haus gewesen. Eine routinemäßige Sicherheitsmaßnahme. Keiner der Pelzhändler hatte offenbar ernsthaft mit einem Angriff oder Besuch von jemand Unbefugtem gerechnet.

Der Fotograf stellte kein wirkliches Hindernis für die vier dar. Jean packte ihn am Kragen und stieß ihn hart gegen die Wand. Dabei stieß er auf Französisch irgendwelche bösen Flüche und Drohungen aus, worauf der Fotograf sich sofort bibbernd und flehend ergab. Die halb nackte Catherine schrie entsetzt auf, zog sich schnell einen der herumliegenden Pelze vor ihre Blöße und stand mit gekreuzten Beinen da, als hätte sie ein ungebetener Gast in der Dusche überrascht.

Lilou zeigte allerdings keinerlei Mitleid. Forsch ging sie auf Catherine zu, entriss ihr den Tierpelz, beschimpfte sie und verpasste Catherine eine Ohrfeige, sodass der die Tränen in die Augen schossen.

Finn entdeckte ihre Smartphones auf einem Tisch, schnappte sich seines und hielt Lilou das ihre hin mit der Aufforderung: »Ruf die Polizei! Sofort!« Er wollte auf keinen Fall ein zweites Mal einem bewaffneten Mann hilflos gegenüberstehen.

Joanna entdeckte auch hier unten im Atelier zwei von den Kisten, die sie oben entdeckt hatten. Beide waren geöffnet und einige Schneeleopardenfelle in verschiedenen Größen hingen halb heraus. Aber das war es nicht, was Joanna so entsetzte. Denn jetzt entdeckte sie etwas auf den Kisten, was sie oben noch übersehen hatte: kleine Adressaufkleber, auf denen Name und Adresse des Empfängers vermerkt waren.

Joanna ging dichter heran. Dann hatte sie Gewissheit: Die Kisten mit den illegalen Pelzen waren an die Zoohandlung von Catherines Vater adressiert! Von wegen, seine Tochter wäre eine Tierschützerin! Er selbst gehörte zu den Hintermännern, über deren Zoohandlung der illegale Tier- und Tierfellhandel abgewickelt wurde. Er sorgte für den stetigen Nachschub für die Kürschner und Modedesigner. Und vermutlich war seine Tochter mit ihrem eigentlich viel zu jungen Alter auch nur deshalb so schnell zu den Topmodels aufgestiegen, weil der Vater als Pelzlieferant seinen Einfluss hatte spielen lassen.

Die Zusammenhänge sah Joanna nun klar vor Augen und die Beweise lagen zu ihren Füßen.

Lilou rief nun endlich die Polizei an. Ebenso wichtige Erwachsene aus ihrer Tierschutzorganisation wie den Vorsitzenden und den Pressesprecher. Es machte sich bei der Polizei bestimmt besser, wenn sie die Anzeige aufgaben und den Behörden die Beweismittel bereitstellten.

Vor denen und auch vor ihren Eltern würden sie sich für ihre Taten rechtfertigen müssen. Immerhin waren sie mehrfach eingebrochen, um auf die Spur der Pelzhändler und an die entsprechenden Beweise zu kommen.

Joanna und Finn wussten ihrerseits, dass sie ihrem Vater nicht viel vormachen konnten. Er selbst war in Florenz entführt und von seinen Kindern befreit worden. Er hatte in Prag erlebt, wie Finn und Joanna einen Drogenhändlerring überführt hatten. Selbst im Deutschen Bundestag in Berlin waren sie schon einer Gaunerbande auf die Schliche gekommen.

Niemals also würde ihr Vater glauben, dass Finn und Joanna rein zufällig auf dieses Lager mit den illegalen Pelzen gestoßen waren. Sie konnten lediglich hoffen, dass er ihnen, wie so oft, auch diesmal nicht wirklich böse sein würde. Und vielleicht hatten sie ja Glück und ihr Vater würde nie erfahren, in welcher Gefahr sie tatsächlich gesteckt hatten.

Und so war es auch. Denn als die Polizei kam, um den Wächter, den Modedesigner, den Fotografen, den Zoohändler und Catherine festzunehmen und zur Vernehmung zu führen, waren Finn und Joanna verschwunden.

Ende

PS: Lilou und Jean nahmen den gesamten Fall auf ihre Kappe. Sie waren ja wegen des Einbruchs in den Lkw eh schon registriert. Die Namen Joanna und Finn tauchten in keinem Polizeiprotokoll auf.

Gut so, fanden die beiden. Und sehr beruhigend für ihre Eltern. So beruhigend, dass ihr Vater, als sie erschöpft und glücklich abends in dem kleinen Restaurant zusammensaßen, sagte: »Habt ihr von Lilou und ihrem Bruder gehört? Die haben tatsächlich illegale Pelzhändler überführt.«

»Echt?«, fragte Joanna mit gespielter Überraschung.

»Dabei sollte Lilou euch doch eigentlich die Stadt zeigen. Gut, dass sie euch nicht mit in Gefahr gebracht hat!«

Dabei zwinkerte er den beiden grinsend zu, sodass Joanna und Finn sich nicht sicher waren, ob er nicht doch etwas ahnte. Zögerlich nickten sie ihm zu.

»Aber da sie sich ja offenbar gar nicht um euch gekümmert hat und damit ihr hier nicht vor Langeweile eingeht, hab ich mir überlegt, dass ich euch für die nächsten beiden Tage ins Disneyland Paris einlade!«

»Wow!«, rief Finn.

Auch Joanna jubelte. Und ließ sich in ihrem Überschwang zu der Bemerkung hinreißen: »Na, hoffentlich wird das nicht zu aufregend für uns!«

»Nein«, lachte ihr Vater. »Wenn Donald zu frech wird, beschütze ich euch!«

Kleiner Französisch-Wortschatz

Begegnungen

Hallo!/Tschüss!	Salut!
Guten Tag!/Guten Morgen!	Bonjour!
Guten Abend!	Bonsoir!
Wie geht es Ihnen/dir?	Comment allez-vous/vas-tu?
Wie geht's?/Es geht mir gut.	Ça va bien?/Ça va.
Danke. Und Ihnen/dir?	Merci, je vais très bien. Et vous/toi?
Wie heißen Sie/heißt du?	Comment vous appellez-vous/t'appelles-tu?
Ich heiße …	Je m'appelle …
Das ist meine Schwester/mein Bruder.	Voici ma sœur/mon frère.
Woher kommen Sie/kommst du?	D'où venez-vous/viens-tu?
Ich komme aus Deutschland.	Je viens d'Allemagne.
Wie bitte?	Comment?
Entschuldigen Sie/Entschuldige!	Excusez-moi!/Excuse-moi!
Entschuldigung, darf ich Sie etwas fragen?	Excusez-moi, puis-je vous poser une question?
Ich spreche kein Französisch/Deutsch.	Je ne parle pas français/allemand.
Es tut mir leid.	Je suis désolé *m*/desolée *f*.
Kein Problem!	Pas de souci!
Möchten Sie …/Möchtest du …	Voulez-vous …/Veux-tu …
Ja, bitte. Mit Vergnügen.	Oui, merci. Avec plaisir.
Nein, danke.	Non, merci.

Okay.	D'accord.
Hilfe!	Au secours!
Achtung! Vorsicht!	Attention! Prenez/Prends garde!
Auf Wiedersehen! Bis bald!	Au revoir! À bientôt!

Stadtbummel

das Auto	la voiture
die Brücke	le pont
der Brunnen	la fontaine
die Burg/das Schloss	le château
der Bus	le bus
das Fahrrad	le vélo
der Fluss	le fleuve
der Garten/der Park	le jardin/le jardin public/ le parc
eine Gasse	une ruelle
ein Hotel	un hôtel
eine Insel	une île
die Kirche/Kathedrale	l'église/la cathédrale
das Museum	le musée
der Parkplatz	le parking
ein Platz	une place
die Polizei	la police
das Puppentheater	le théâtre de marionnettes
das Rathaus	l'hôtel de ville
das Schiff/touristische Schifffahrt auf der Seine	le bateau/le bateau-mouche

ein Stadthaus/eine Stadtvilla	un hôtel particulier
ein Stadtplan	un plan de ville
eine Straße	une rue
das Taxi	le taxi
die U-Bahn	le métro

Medien und Kommunikation

ein Foto	une photo
ein Fotoapparat	un appareil photo
ein Handy/Smartphone	un portable, un mobile, un smartphone
das Internet	l'internet
der Laptop	l'ordinateur portable
das WLAN	le wifi

Essen und trinken

das Frühstück	le petit-déjeuner
das Mittagessen	le déjeuner
das Abendessen	le dîner
die Milch	le lait
ein Tee	un thé
der Saft	le jus
der Orangen-/Apfelsaft	du jus d'orange/ du jus de pomme
das Sprudelwasser	de l'eau gazeuse

das Brot/das Baguette/der Toast	le pain/la baguette/le pain de mie
ein Croissant	un croissant
die Butter	le beurre
die Marmelade	la confiture
der Schinken	le jambon
ein Eis	une glace
der Kuchen	le gâteau
eine Crêpe (franz. Pfannkuchen)	une crêpe
eine Crêperie	une crêperie
ein Restaurant/Bistro	un restaurant/bistro
der Fisch	le poisson
ein Wiener Schnitzel	une escalope panée/à la viennoise
Pommes frites	des frites
Miesmuscheln mit Pommes frites	des moules-frites
ein Salat	une salade
der Käse	le fromage
Die Speisekarte, bitte!	Pourrais-je avoir le menu, s'il vous plaît?
Ich möchte gerne …	Je voudrais …
Bitte ein Glas/eine Flasche Wasser.	Un verre d'eau/Une bouteille d'eau, s'il vous plaît.
Guten Appetit!	Bon appétit!
Das Essen war ausgezeichnet.	Le repas était excellent.
Die Rechnung, bitte!	L'addition, s'il vous plaît!

Uhrzeit und Zahlen

Wie viel Uhr ist es?	Quelle heure est-il?
Es ist ein Uhr.	Il est une heure.
Wann?	Quand?
Um ein Uhr	À une heure
In einer Stunde	Dans une heure

0	zéro
1	un *m*, une *f*
2	deux
3	trois
4	quatre
5	cinq
6	six
7	sept
8	huit
9	neuf
10	dix
11	onze
12	douze
13	treize
20	vingt
30	trente
40	quarante
50	cinquante
100	cent
1000	mille/un millier
100.000	cent mille
1.000.000	un million

Wochentage und Monate

Montag	lundi
Dienstag	mardi
Mittwoch	mercredi
Donnerstag	jeudi
Freitag	vendredi
Samstag	samedi
Sonntag	dimanche
Januar	janvier
Februar	février
März	mars
April	avril
Mai	mai
Juni	juin
Juli	juillet
August	août
September	septembre
Oktober	octobre
November	novembre
Dezember	décembre

Inhalt

Andreas Schlüter wurde 1958 in Hamburg geboren. Bevor er mit dem Schreiben von Kinder- und Jugendbüchern begann, leitete er mehrere Jahre Kinder- und Jugendgruppen und arbeitete als Journalist und Redakteur. Mit dem ersten Band der Erfolgsserie »Level 4« gelang ihm 1994 der Durchbruch als Schriftsteller. Neben Kinder- und Jugendbüchern schreibt er auch Drehbücher, u. a. für den Tatort und krimi.de. Andreas Schlüter arbeitet in Hamburg und auf Mallorca. Mehr auf www.schlueter-buecher.de

Markus Spang, 1972 in Karlsruhe geboren, beschäftigte sich eine Zeit lang mit Philosophie und Kunstgeschichte und studierte dann Illustration in Krefeld und Münster. Heute lebt er wieder in Karlsruhe, malt Bilder, zeichnet Schriften und ersinnt eigene Geschichten.

TULIPAN-Newsletter
Tolle Lesetipps kostenlos per E-Mail!
www.tulipan-verlag.de

Besucht uns auf Facebook und Instagram!

© Tulipan Verlag GmbH, München 2017
Alle Rechte vorbehalten
1. Auflage 2017
Text: Andreas Schlüter
Bilder: Markus Spang
Lektorat und Redaktion: Angela Mense
Layout und Satz: www.lenaellermann.de
Umschlaggestaltung: Anette Beckmann
Druck: GGP Media GmbH, Pößneck
ISBN 978-3-86429-316-0

Actionreiche Städtekrimis!

ISBN 978-3-86429-155-5

ISBN 978-3-86429-219-4

ISBN 978-3-86429-261-3

Ferien, Freiheit, Abenteuer! Joanna und Finn haben Glück, dass ihre Eltern für ihre Jobs so viel reisen müssen. Denn so machen die beiden oft Urlaub in Europas Metropolen. Aber entspannte Städtetouren sehen anders aus – immer wieder geraten die Geschwister in Gefahr. Und lösen die schwierigsten Kriminalfälle.

»Spannung pur!« VELVET, 2015, zu City Crime – Vermisst in Florenz

Alle Bände:
€ 11,95 (D)/€ 12,30 (A)